Heide-Marie Smolka

Vorhang auf
fürs Glück

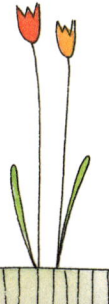

Heide-Marie Smolka

Vorhang auf fürs Glück

Drehbuch für mehr Lebensfreude

Illustrationen von Brigitta Knoll

Knaur

Besuchen Sie uns im Internet:
www.knaur.de

© 2013 Knaur Verlag
Ein Unternehmen der Droemerschen Verlagsanstalt
Th. Knaur Nachf. GmbH & Co. KG, München
Alle Rechte vorbehalten. Das Werk darf – auch teilweise –
nur mit Genehmigung des Verlags wiedergegeben werden.
Redaktion: Sophie Boysen
Umschlaggestaltung: ZERO Werbeagentur, München
Umschlagabbildung: Brigitta Knoll
Satz: Adobe InDesign im Verlag
Druck und Bindung: Offizin Andersen Nexö, Leipzig
Printed in Germany
ISBN 978-3-426-65510-8

5   4   3   2   1

Für meinen Mann und meine Söhne –
meine drei Schätze

INHALT

Ein kleines Mädchen steht als Königin verkleidet auf der Bühne. So klein und zart sie auch ist, trägt sie ihre Robe und ihre Krone mit majestätischem Stolz. Ein Knappe kniet vor der Königin, und sie hat nun die Aufgabe, diesen Knappen zum Ritter zu schlagen.

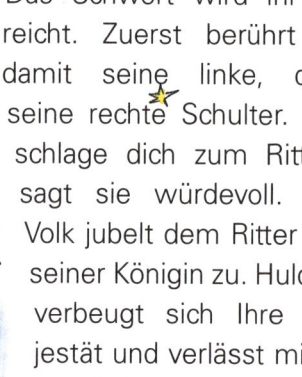

Das Schwert wird ihr gereicht. Zuerst berührt sie damit seine linke, dann seine rechte Schulter. »Ich schlage dich zum Ritter«, sagt sie würdevoll. Das Volk jubelt dem Ritter und seiner Königin zu. Huldvoll verbeugt sich Ihre Majestät und verlässt mit ihrer Gefolgschaft stolzen Schrittes die Bühne.

Das Publikum ist begeistert und kann es nicht glauben: Das ist doch die kleine schüchterne Marie aus der Nachbarschaft. Die, die sich nie etwas zu sagen traut. Die, die immer nur vorbeihuscht und auf dem Weg zur Schule gehetzt und scheu wirkt. Unfassbar! Hier ist sie eine Königin. Und das sehr überzeugend. Selbstbewusst und stolz.

Dieses kleine, zarte Mädchen hat sich vor einigen Wochen bei der Theatergruppe angemeldet und für die erste Aufführung die Rolle der Königin zugeteilt bekommen. Ganz bewusst hat der Theaterleiter der kleinen Marie eine selbstbewusste, starke Rolle gegeben, damit das schüchterne Mäuschen einmal die Erfahrungen einer Königin machen kann. Und sein Plan war erfolgreich: Es ist sichtbar, es ist spürbar, wie das Mädchen von dieser Rolle profitiert hat. Auch nach dem Theaterstück merkt man eine bleibende Veränderung. Marie ist natürlich immer noch klein und zart, aber an ihrer Haltung hat sich einiges geändert: Sie hält sich aufrechter, und auch ihre Nasenspitze ist ein kleines bisschen nach oben gewandert. Dadurch wirkt sie selbstbewusster, nicht mehr so unsicher und schüchtern.

Marie konnte durch die häufigen Proben und Aufführungen ihre starken und selbstsicheren Persönlichkeitsanteile ausleben und sie nach und nach in ihren Alltag integrieren. Es ist ihr wirklich gelungen, die Königin in sich zu wecken.

Die innere Bühne

Jeder Mensch trägt unterschiedliche Persönlichkeitsanteile in sich, Teilaspekte seiner Gesamtpersönlichkeit. Manchmal nehmen wir diese Anteile wie innere Stimmen wahr, manchmal wirken sie ganz unbewusst und stumm. Sie können als Bauchgefühl auftauchen oder sich über die Körpersprache ausdrücken. Sich mit diesen Anteilen auseinanderzusetzen, ermöglicht ein bewusstes Gestalten des eigenen Lebens.

Die Idee, dass wir unterschiedliche Persönlichkeitsanteile in uns tragen, ist Ihnen sicher nicht fremd. Wir kennen sie alle, die inneren Stimmen, die inneren Dialoge. Ob bei einer Kaufentscheidung: »Soll ich das Rote kaufen, oder doch das Grüne?« Oder am Sonntag in der Früh: »Ich sollte heute unbedingt Sport machen!«, gegen: »Heute wäre es fein, mal richtig faul zu sein.« Innere Monologe sind unsere ständigen Begleiter.

Je mehr Sie sich im Laufe dieses Buches mit Ihren inneren Anteilen auseinandersetzen werden, desto besser wird es Ihnen gelingen, in Alltagssituationen Ihre inneren Monologe lustvoll selbst zu gestalten und zum Regisseur Ihrer inneren und somit auch Ihrer äußeren Bühne zu werden.

Die Metapher der inneren Bühne ist hilfreich, um mehr Klarheit über das zu erhalten, was sich in einem abspielt. Es kann auch sehr entlastend sein, wenn man z. B. in einer sehr ärgerlichen Situation das Bild vor Augen hat, wie gerade der Ärger (als eine Figur) auf der Bühne steht und seinen Alleinauftritt absolviert. So wird einem bewusst, dass der Ärger zwar gerade aktiv ist, aber nur als ein Teil von einem selbst. Nicht: »Ich bin durch und durch Ärger.« Sondern: »Der Ärger ist ein Teil von mir, der gerade auf meiner inneren Bühne steht, der aber auch wieder gehen wird.« So kann man sich von seiner Wut distanzieren: Der Ärger tritt auf und wieder ab, ich bin der Beobachter und nicht der Ärger.

Um noch einmal auf das Beispiel von Marie zurückzukommen: Im Alltag spielte auf ihrer inneren Bühne die Schüchternheit die Hauptrolle, deren Kennzeichen Unsicherheit, Zaghaftigkeit und

Bescheidenheit sind. Als Marie in der Theatergruppe auf der äußeren Bühne die Rolle der Königin übernimmt, kommt sie in Kontakt mit den starken, stolzen, selbstbewussten Anteilen einer Königin, und das macht sich auch im Alltag bemerkbar. Sie lässt sich nicht mehr alles gefallen, und sie traut sich nun öfter, ihre eigene Meinung zu vertreten, sich zu wehren und sogar etwas zu fordern. In der Gruppe ihrer Freunde und Freundinnen hat sie nun auch etwas zu sagen. Nach und nach kann auf ihrer inneren Bühne die Königin öfter zum Einsatz kommen. Ihr Selbstbewusstsein wächst, sie spürt ihre Kraft und ihren Stolz. Die Königin war von Anfang an in Ihrer Persönlichkeitsstruktur »angelegt«, sie wurde jedoch erst durch die Aktion auf der Bühne zum Leben erweckt. Marie hat ihr Rollenrepertoire erweitert.

Die eigenen, bisher unentdeckten Persönlichkeitsanteile kennenzulernen, das ist der erste wesentliche Schritt zu einer Veränderung. Ist der Ist-Zustand einmal erkannt, so können Sie in einem weiteren Schritt am Soll-Zustand arbeiten. Sie können also, wenn Sie Ihre innere Bühne besser kennen, aktiv steuernd eingreifen und Ihre Besetzung neu gestalten. Zu mächtige, unangenehme, lästige Figuren können Sie auf ihren Platz verweisen.
Das Wichtigste dabei: Sie führen selbst Regie, Sie können Ihr Ensemble selbst zusammenstellen, auf Ihrer Bühne sind SIE der Regisseur.

Am Anfang war …

Der Ansatz der inneren Bühne basiert auf den Theorien des Psychodramas[1], einer Psychotherapieform, die szenische Arbeit nutzt, um die Persönlichkeit zu entwickeln.

Der Begründer des Psychodramas ist Jakob Moreno. 1889 in Bukarest geboren, studierte er in Wien Philosophie und Medizin und arbeitete ab 1918 in Bad Vöslau nahe Wien als Arzt. Seine Leidenschaft galt immer schon dem Theater. Er war Schauspieler in einem Stegreiftheater und leitete auch Aufführungen. Im Wiener Augarten spielte er mit Kindern Theater und erkannte, dass das Theaterspielen zur Persönlichkeitserweiterung und -reifung beitragen kann, so wie es auch die Geschichte von Marie erzählt. In der Folge animierte er auch seine Patienten im Gefängnis zum Theaterspielen, um ihnen zu einer Rollenerweiterung, zu Selbsterkenntnis und Persönlichkeitsentwicklung zu verhelfen. Die heilende Wirkung des Theaterspielens wurde so zu therapeutischen Zwecken genutzt – das Psychodrama als psychotherapeutisches Konzept war geboren. Nach Morenos Menschenbild ist eine Persönlichkeit dann reif und gesund, wenn möglichst viele ihrer Anteile bewusst und integriert sind.

Die Idee der inneren **Pluralität des Menschen** spielt in den unterschiedlichsten psychologischen Theorien eine Rolle:
Schon Sigmund Freud arbeitete mit der Vorstellung von drei *Instanzen:* dem Es, das für das Lustprinzip steht, dem Über-Ich mit all seinen Geboten und dem Ich, das versucht, die Balance zwischen den beiden zu finden.
C. G. Jung arbeitete mit *Archetypen,* wie z. B. der Anima, der Mutter, dem Schatten, dem Kind oder dem weisen alten Mann, um die menschliche Psyche erklär- und verstehbar zu machen.
Die Bezeichnungen für die Teilpersönlichkeiten variieren sehr. Hier ein paar Beispiele: Schwartz spricht von *Teilen,*[2] Assagioli von *Elementen* der Persönlichkeit,[3] John und Helen Watkins arbeiten in der Ego-State-Therapie mit *Ich-Anteilen.* Mitunter werden auch Bezeichnungen wie *Teilpersönlichkeiten, Selbste, innere Personen* verwendet. Schultz von Thun nutzt die Metapher des *inneren Teams,* für das das Ich eine gute Führungspersönlichkeit sein soll.[4]

Ich arbeite mit der Metapher der *inneren Bühne,* so dass man sich wirklich ein Bühnenstück vorstellen kann, bei dem die Inszenierung aktiv gestaltet und verändert werden kann. Ich verwende dabei meist die Bezeichnungen *Anteile* und *Figuren.* Diese Begriffe sind hier als Synonyme zu verstehen.

Bin ich viele?

Ja und nein.

Sie sind natürlich *eine* Person, jedoch verfügt diese Person über viele Standpunkte, Meinungen, Gefühle und Sichtweisen, entsprechend der Lehre der inneren Pluralität des Menschen.

Mit dem Bild der inneren Bühne kann man sich im Selbst-Coaching sehr gut helfen. Sie haben viele innere Figuren in sich, haben viele Persönlichkeitsanteile. Und je nach Stimmung, Tagesverfassung und Situation sind unterschiedliche Anteile auf Ihrer inneren Bühne aktiv. Ihr Leben, Ihre Umgebung, Ihre »äußere Bühne« beeinflussen Ihre innere und umgekehrt. Und indem Sie sich bewusst machen, welche Anteile in einer konkreten Situation jeweils auf Ihrer inneren Bühne sind, umso leichter können Sie auch gestaltend eingreifen, also nicht einfach geschehen lassen, sondern aktiv die Regie übernehmen.

Wozu das ganze Theater?

Die Arbeit mit Ihrer inneren Bühne wird Ihnen helfen, den Alltag souveräner zu meistern. Sie werden bewusster wahrnehmen, was sich in unterschiedlichen Situationen auf Ihrer inneren Bühne abspielt, und Sie werden nach und nach gestaltend eingreifen können, um Ihre innere Bühne optimal zu besetzen. Sie brauchen dabei nicht streng dem Buch zu folgen, Sie können auch einzelne Kapitel herausfischen, die für Sie am aktuellsten sind.

Dieses Buch ist kein reines Lesebuch, sondern ein *Mitmachbuch.* Ich lege Ihnen nahe, diese Gelegenheit zu nutzen und Ihre Ideen zu den einzelnen Themen wirklich niederzuschreiben. Erwiesenermaßen macht es einen ganz wesentlichen Unterschied, ob man sich zu einem Thema »nur« Gedanken macht oder ob man diese auch niederschreibt, also konkret ausformuliert und verbindlicher macht. Sie können hier im Buch experimentieren, ausprobieren und Erfahrungen sammeln. Sie können immer wieder Ihrer Phantasie freien Lauf lassen. Nutzen Sie diese unverfängliche Chance! Trauen Sie sich etwas! Je experimentierfreudiger Sie dabei sind, umso größer wird auch Ihr Gewinn sein.

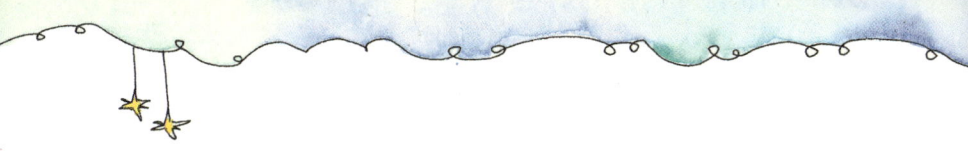

1 In diesem Moment befinden Sie sich im *Kapitel 1,* hier haben Sie schon einiges zur Theorie erfahren, und nun wird noch Ihre Neugierde auf den Rest des Buches geweckt.

2 Im *2. Kapitel* lernen Sie Ihre *inneren Stimmungsmacher* kennen: Es gibt Tage, da geht alles schief, und zum Glück gibt es auch Tage, an denen alles klappt. Hier erfahren Sie, wie Sie steuernd eingreifen können. Sie werden Ihren inneren Optimisten, Ihren Pessimisten und auch Ihren Neutralen näher kennenlernen.

3 Das *3. Kapitel* beschäftigt sich mit den *Antreibern,* die sehr oft für Stress sorgen. »Schneller!«, »Besser!«, »Schöner!« ist die Devise.
Wenn Antreiber zu mächtig sind, brauchen sie dringend Gegenspieler auf der Bühne. So werden Sie sich bei Bedarf Ihre persönlichen Erlauber engagieren, die für Entspannung sorgen werden. Sie können auch mal fünf gerade sein lassen und sorgen für ein gemütliches Tempo, wenn es angebracht ist.

4 *Im Zoo,* im *4. Kapitel,* da geht es tierisch zu: Sie werden sich Tiere aussuchen, die Ihnen im Alltag zur Seite stehen werden, um gewünschte Fähigkeiten und Eigenschaften zu stärken. Sowohl Löwen als auch Mäuse können sehr hilfreiche Assistenten sein.

5 *Die Lebensfreude* im *5. Kapitel* ist schon sehr lebenserfahren und kann dafür sorgen, dass Lebensbereiche, die in

Ihrem Leben sehr wichtig sind, aber immer wieder zu kurz kommen, doch noch ihren Raum bekommen.

6 Da das Thema Stress und Zeitmangel immer akuter wird, ist es empfehlenswert, sich einen *Zeitmillionär* anzuschaffen, wie ihn *Kapitel 6* vorstellt. Er hat ganz viel Zeit und auch noch viele hilfreiche Freunde, die Ihnen Zeitsouveränität verschaffen können: Der Zeitwächter, Balu, der Bär oder auch der Warteprofi, sie alle sind Experten für das Thema Zeit.

7 Das *7. Kapitel* hat wirklich *starke Typen* zu bieten: Die tüchtige Sekretärin Frau Martha wird Ihnen helfen, Ihre Geldangelegenheiten besser zu managen, und Sie können auch einen professionellen Neinsager auf Ihre Bühne einladen.

8 Wenn Sie des Öfteren grantig oder ärgerlich werden, dann ist das *Kapitel 8: Grant & Co.* genau das Richtige für Sie. Sie werden mit Hilfe eines Astronomen, eines Stressforschers oder auch eines Zeitkatapults unangenehmen Gefühlen leichter entkommen. Auch ein AHA kann sehr hilfreich sein …

9 Es muss auch Pausen geben. Sogar im Theater. In *Kapitel 9, Schließtag,* erfahren Sie mehr über Techniken, die Ihnen helfen, auch mal abzuschalten und auf Ihrer inneren Bühne für Ruhe und Pause zu sorgen.

10 Sie wollen sich das Rauchen abgewöhnen? Dann wünsche ich Ihnen viel Spaß mit dem *Kapitel 10: Zigaretten ade!*

11 *Die Souffleuse* aus *Kapitel 11* wird Sie ab jetzt durch Ihr Leben begleiten und dafür sorgen, dass Sie liebevoll mit sich selbst umgehen.

12 *Kapitel 12* ist im wahrsten Sinne des Wortes die Krönung: hier wird die Königin in Ihnen erweckt.

Ziel des Buches ist, dass Sie viele Ihrer inneren Figuren kennenlernen und mit der Methode so vertraut sind, dass Sie in Ihrem Alltag spielerisch damit umgehen können.

Sie machen mit diesem Buch eine große Reise. Ich empfehle Ihnen, nicht zu schnell vorzugehen. Lassen Sie einzelne Themen nachwirken, und nehmen Sie sich die Zeit, Neues im Alltag auszuprobieren.

Ich wünsche Ihnen gute Unterhaltung und viel Spaß beim Kennenlernen Ihrer inneren Figuren: Jetzt geht's los!

2. DIE STIMMUNGSMACHER

Wir kennen sie, diese Tage: Wirklich alles geht schief. Morgens verschüttet man den Kaffee, das Auto springt nicht an, man kommt zu spät zur Arbeit, der Kollege ist schlecht aufgelegt – keine Bananenschale, kein Fettnäpfchen wird ausgelassen.

Aber es geht auch anders. An manchen Tagen läuft alles wie am Schnürchen: Die Sonne scheint, die Kinder sind ganz folgsam und adrett, die Kollegin erwartet einen schon mit einem duftenden Kaffee, und was man berührt, gelingt. Ganz leicht und mühelos. Die Welt ist bunt und gut aufgelegt.

Im ersten Fall ist der negativ Gestimmte, der Pessimist, in uns aktiv, im zweiten Fall hat der positiv Gestimmte, der Optimist, in uns das Sagen. Aus welchem Grund auch immer sich einmal der eine und ein anderes Mal der andere auf unsere innere Bühne drängelt – er wird auf jeden Fall unseren Tag bestimmen. Wenn wir es zulassen.

Die gute Nachricht: Wir können diese beiden Herrschaften, den Optimisten und den Pessimisten in uns, steuern. Sehen wir uns die beiden doch mal näher an.

Der Pessimist

Für den Pessimisten ist das Leben mühsam und nervig. Es wird genörgelt und gejammert, es werden Probleme gewälzt statt gelöst.

Alles ist schwierig, nichts gelingt. Der Pessimist sieht die Zukunft ganz duster, die Gegenwart ist auch nicht gerade rosig. Und diese Übung nervt auch! Wozu soll das Ganze denn gut sein?!

Der Optimist

Wenn Sie sich in die Rolle des Optimisten versetzen, dann sieht alles gleich viel besser aus: Das Leben ist leicht und macht Spaß, Lösungen sind in Sicht. Hier scheint bildlich gesprochen die Sonne. Anders als in der Rolle des Pessimisten wird Ihnen diese Übung in der Optimistenrolle Spaß machen. Ist ja wirklich erstaunlich, wie anders sich das gleich anfühlt!

An einem konkreten Beispiel können wir uns die unterschiedlichen Weltbilder der beiden Herren vor Augen führen. Stellen Sie sich vor, es ist Montag, fünf Uhr in der Früh, und der Wecker läutet. Um die Sache etwas zu verschärfen, lassen wir es auch Winter sein, es ist kalt und finster.

Der Pessimist würde ungefähr so auf das Weckergeläute reagieren: »Also das ist ja wirklich das Letzte! Was für eine bescheuerte Idee, um diese Uhrzeit aufzustehen. Es ist finster, es ist kalt, ich bin müde und ich will ganz einfach im Bett bleiben. Mir geht das wirklich unglaublich auf den Geist, dieses frühe Aufstehen. Ich glaub, daran werde ich mich nie gewöhnen!« Hier fühlt man sich arm und bedauernswert.

Auch beim Optimisten läutet der Wecker. Auch hier ist es finster, und draußen bläst ein kalter Wind. Sein innerer Monolog klingt aber ganz anders: »Ah, wenn ich jetzt aufstehe, mache ich mir gleich einen guten Kaffee, und auf die heiße Dusche freue ich mich auch schon! Wenn ich so früh aufstehe, kann ich alles in Ruhe erledigen und habe nicht gleich in der Früh die Hektik. So kann ich's gemütlich angehen. Jetzt lege ich mir mal meine Lieblingsmusik auf, da bin ich gleich noch beschwingter.«

Wenn bei Ihnen in der Früh der Pessimist auf der inneren Bühne steht, so ist es zugegebenermaßen nicht leicht, in die Rolle des Optimisten zu wechseln. Das ist auch nicht unbedingt nötig. Zwischen dem Pessimisten und dem Optimisten gibt es noch eine dritte Variante: den Neutralen.

Der Neutrale

Beim Neutralen werden Sie vergeblich nach Emotionen suchen. Für ihn zählen Tatsachen, er ist um eine objektive Sichtweise bemüht und wertet nicht. Das ist manchmal gar nicht so leicht, denn wir sind es gewohnt, ständig Stellung zu beziehen, ständig in gut und schlecht, ja oder nein einzuteilen. Diese Mittelposition ist jedenfalls nüchtern und sachlich. Die Aussage hier: Es ist, wie es ist! Sie werden den Nutzen dieser Position bald schätzen lernen, denn der Neutrale ist in vielerlei Hinsicht hilfreich:

1. Perspektivenwechsel – um einen Überblick zu bekommen
Der Neutrale kann in seiner Rolle wie ein externer Berater fungieren – wie ein Mediator, ein Beobachter von außen.

Emotionen wirken oft wie Scheuklappen, und man sieht die Vielfalt von möglichen Wegen nicht. Außerdem ist man in sehr emotionalen Zuständen nicht mehr rational. Die Neutralposition hilft bei rationalen Entscheidungen. Sie ist wie eine Metaebene, ich nehme mich selbst ein bisschen aus dem Geschehen heraus. Das kann oft schon eine große Entlastung sein.

2. Akzeptanz – um Unveränderbares annehmen zu können
Bei unveränderbaren Themen ist die neutrale Position die beste Voraussetzung für Akzeptanz: »Es ist, wie es ist.« Speziell bei sehr schwierigen Themen, in Lebenskrisen, ist das wie ein Ruhepol. In einer Krise ist es schon hilfreich, für kurze Zeit in diese Rolle zu schlüpfen. Hier kann man wieder Luft holen, sich erholen und die Dinge so annehmen, wie sie sind. Dies soll nicht verwechselt werden mit Resignation! Es heißt nicht: »Ich kann es nicht ändern, ich gebe auf«, sondern es heißt: »Ich kann es nicht ändern, ich nehme es an.« Das ist ein wesentlicher Unterschied. Resignation wäre ein Abrutschen in die Pessimistenrolle. Die Rolle des Neutralen soll jedoch wertfrei sein als Basis für Akzeptanz, dies wiederum ist die beste Voraussetzung für Gelassenheit.

3. Sprungbrett – um leichter in die Optimistenrolle zu finden
Die Zwischenstation des Neutralen ermöglicht es einem, die negativen Emotionen des Pessimisten loszuwerden und sachlich zu urteilen. Dadurch wird der Weg zum Optimisten erleichtert. Bei manchen Themen wäre es zu schwierig, gleich vom Negativen ins Positive zu wechseln. Der neutrale Boden dazwischen lässt einen wieder zur Ruhe kommen und neue Wege sehen.

Wenn beim Neutralen um fünf Uhr in der Früh der Wecker läutet, dann hört sich das so an: »Es ist Montag, es ist fünf Uhr morgens. Um rechtzeitig meine Angelegenheiten erledigen zu können, ist es nun an der Zeit aufzustehen. Es ist, wie es ist. Ich nehme es hin.« Hier gibt es keine Emotionen. Die Sache wird so angenommen, wie sie ist. Das kann mitunter schon sehr entlastend sein.

Wenn Sie ein echter Morgenmuffel sind, so wird Ihnen diese Übung nicht leichtfallen. In so einem Fall ist es schon ausreichend, die Neutralposition einzunehmen. Schon damit machen Sie sich Ihr Leben leichter, und Sie können besser akzeptieren, dass die erste halbe Stunde des Tages nicht Ihre Zeit ist.

Von der Haltung des Neutralen ausgehend, können Sie sich behutsam dem Optimisten annähern und nach Ideen suchen, wie Sie sich diese harte Zeit versüßen können: mit feiner Musik, mit einem frischen Orangensaft oder mit einem wohltuenden Morgenritual.
Es ist allerdings eine Illusion zu glauben, dass aus einem Morgenmuffel so einfach ein beherzter Frühaufsteher wird. Dieses Vorhaben wäre zum Scheitern verurteilt. Vielmehr geht es darum, für einen Morgenmuffel nach Ideen zu suchen, wie die morgendliche schlechte Laune gelindert werden kann, wie das Beste aus der Situation gemacht werden kann.

Je besser Sie Ihre inneren Akteure kennen, umso besser können Sie auch mit ihnen umgehen und steuernd eingreifen. Begeben Sie sich nun auf Entdeckungsreise und machen Sie ganz bewusst Bekanntschaft mit den drei Positionen. Das ist reine Übungssache. Sie werden sehen, das funktioniert!

Marco
Marco fährt mit dem Bus in die Arbeit. Der Bus verspätet sich und ist daher, als er endlich kommt, ziemlich überfüllt. Mit viel Mühe drängt er sich in die Menge.

Das ist natürlich die Idealbühne für den Pessimisten: »Na, ich habe es ja geahnt, dass das heute wieder mühsam wird. Es ist wirklich total nervig, wenn der Bus so voll ist, dass man kaum mehr atmen kann. Und alle sind so grantig. Wäre ich doch mit dem Auto gefahren!«

Sobald Marco realisiert, dass der Pessimist so richtig in Fahrt kommt, stoppt er ihn und lädt den Neutralen auf seine Bühne ein: »Heute hab ich mich für den Bus entschieden. Der hatte Verspätung. Kein Wunder, dass er so voll ist. Ist eben so.«

An der Situation kann Marco nichts ändern. Aber sehr wohl an seiner Einstellung.
Er wagt den Versuch und lädt den Optimisten auf seine Bühne ein: »Bin ich froh, dass es den Bus gibt! Da brauche ich nicht mit dem Auto fahren, mich nicht um einen Parkplatz kümmern. Zugegeben, heute ist es etwas voll, aber ich bin froh, dass ich noch ein Plätzchen gefunden habe. Ich finde es toll, dass so viele Menschen mit dem Bus fahren und ihr Auto stehen lassen. So tun wir der Umwelt Gutes. Na ja, und Reibung sorgt für Wärme ☺ …«

Wenn Sie mit Ihren Stimmungsmachern experimentieren – und diese Übung vertiefen – wollen, so empfehle ich, tatsächlich drei verschiedene Positionen einzunehmen: Sie sollten sich dabei wirklich im Raum bewegen. Der Pessimist, der Neutrale und der Optimist – jeder hat einen anderen Platz. So wie drei Figuren auf einer Bühne. Diese räumliche Trennung von Stimmungen bringt noch mehr Klarheit. Egal, ob Sie drei Stühle verwenden oder im Stehen drei verschiedene Plätze einnehmen: Durch die räumliche Veränderung wird die Kraft der einzelnen Stimmungen wesentlich deutlicher. Vielleicht sitzen Sie gerade im Zug, dann hoffe ich, dass in Ihrem Abteil noch zwei Plätze frei sind, damit Sie Ihre Position wirklich ändern

können.

(Wenn in diesem Falle gleich Ihr innerer *Wassollendennda-dieanderendenken* auf die Bühne stürmt, dann verschieben Sie dieses Experiment lieber auf zu Hause, sonst wird Ihre Bühne von diesem Störenfried beeinflusst und verfälscht.)

Diese drei räumlich veränderten Positionen verdeutlichen die Übung ganz maßgeblich. Keine Angst, Sie werden nicht das ganze Buch hindurch aufgefordert, Ihre Position zu wechseln und räumlich zu agieren, ich möchte Sie nur in diesem Kapitel dazu einladen; später entscheiden Sie dann selbst, ob Sie diese Unterstützung nutzen wollen. Aber hier bitte ich Sie, es einmal auszuprobieren.

Sie können die unterschiedlichen Stimmungen auch noch durch Ihre Körpersprache unterstreichen: Wenn Sie sich auf den Platz des *Pessimisten* begeben, so können Sie seine miese

Stimmung mit einem gekrümmten Rücken unterstreichen, dazu ein grantiger Gesichtsausdruck, die Stirn runzeln, er kann auch genervt oder gelangweilt sein. Die Atmung ist hier sehr bescheiden: Ein Pessimist braucht nicht viel Luft. In diesem Experiment schlüpfen Sie also tatsächlich in die Rolle des Pessimisten und verkörpern ihn.

Nun wechseln Sie die Position und begeben sich auf den Platz des *Neutralen.* Er hat eine neutrale Körperhaltung und Mimik: Stellen Sie sich dazu einen Nachrichtensprecher vor.

Die dritte Position ist der *Optimist:* Um leichter in die optimistische Rolle zu schlüpfen, ist es hilfreich, in dieser Position eine betont aufrechte Körperhaltung einzunehmen: Machen Sie sich groß, holen Sie tief Luft und machen Sie ein ganz freundliches, freudiges Gesicht. Ein Lächeln auf Ihrem Gesicht wird sich auch auf Ihre Stimmung auswirken.

Mit diesen Haltungen beeinflussen Sie automatisch auch Ihre innere Haltung zu einem Thema. Sie können wie bei einer Schauspielübung die einzelnen Figuren auch gerne etwas übertrieben darstellen, so können Sie sich noch leichter in die jeweilige Rolle einfinden. Abgesehen davon hilft die Übertreibung auch dabei, Situationen humorvoller zu betrachten. Übertreibung ist eine Humortechnik, wenn Sie die Figuren sehr übertreiben, laden Sie den Humor auf Ihre Bühne ein. Und Humor hilft dabei, Situationen neu zu bewerten. Sie sehen: Bei der Arbeit mit der inneren Bühne sind spielerisches Vorgehen, Flexibilität und Perspektivenwechsel automatisch mit dabei.

So, nun kann es losgehen:

Meine Stimmungsmacher stolpern

Stellen Sie sich bitte vor, dass Sie in der Früh Ihre Wohnung verlassen, etwas in Eile sind, auch noch links und rechts eine Tasche zu tragen haben. Auf der Treppe übersehen Sie die letzte Stufe und stürzen. Was für ein Schreck! Es tut wirklich weh! Hoffentlich ist es nichts Ernstes. Sie versuchen, mal ganz vorsichtig aufzustehen und das verletzte Bein zu belasten. Oje, das tut schon ziemlich weh! Nur sehr mühsam können Sie humpelnd vorwärtskommen. So beschließen Sie, sich mit dem Handy ein Taxi zu bestellen, das Sie in die nächste Klinik bringt. Das wollen Sie doch lieber von einem Fachmann – oder einer Fachfrau – begutachten lassen. Lange Rede, kurzer Sinn: Es ist nichts Ernstes! Ein paar Tage Schonung, und die Sache wird erledigt sein. Wie ist ihre Meinung zu der ganzen Geschichte? Fragen Sie einmal Ihre Stimmungsmacher. Das heißt, Sie begeben sich nun auf die Position des **Pessimisten,** *nehmen auch äußerlich seine Haltung ein, die genervt und verärgert wirkt. Wenn Sie sich in diese Stimmung versetzt haben, schreiben Sie jetzt auf, was der Pessimist zu dieser Situation zu sagen hat:*

_____

_____

_____

_____

*So, jetzt hat sich der Pessimist mal Luft gemacht. Das ist oft
sehr erleichternd und gut für die Seele.*
*Nun begeben Sie sich auf den Platz des **Neutralen**. Finden
Sie auch die Körperhaltung und die Mimik des Neutralen
und sammeln Sie jetzt Gedanken, wie die Situation aus dieser Rolle heraus betrachtet aussieht:*

_____

_____

_____

_____

_____

_____

_____

*Es ist oft gar nicht so leicht, nicht zu bewerten. Schauen Sie
sich noch einmal Ihre Sätze an und kontrollieren Sie dabei,
ob die Aussagen wirklich neutral sind. Es soll weder ein ne-
gativer noch ein positiver Aspekt dabei sein. Am einfachsten
gelingt dies über einen Tatsachenbericht.*

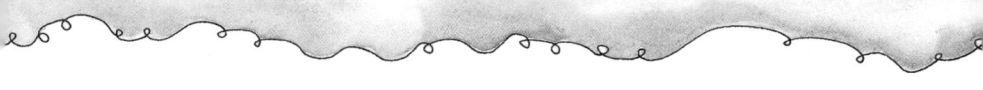

*Nun kommt **der Optimist** zu Wort. Begeben Sie sich auf seine Position und somit in seine Rolle. Lassen Sie zuerst über eine aufrechte Körperhaltung, eine tiefe Atmung und ein Lächeln auf Ihrem Gesicht eine angenehme Stimmung entstehen, übertreiben Sie dabei ruhig ein bisschen, das ist am Anfang oft sehr hilfreich.*

Je öfter Sie diese unterschiedlichen Positionen einnehmen und damit experimentieren, umso leichter wird Ihnen nach und nach der Rollentausch gelingen. Experimentieren Sie im Alltag bei unterschiedlichsten Themen und Gelegenheiten mit den drei Positionen. Das können Sie auch im Nachhinein tun, also wenn Sie zu Hause in Ruhe über ein vergangenes Ereignis nachdenken. Egal, ob dies eine ärgerlich Situation mit einem Kollegen war, ein schwieriges Gespräch mit dem Nachbarn, die Bügelwäsche, die Sie nervt, oder ob es eine Aufgabe ist, die Sie vor sich herschieben. Betrachten Sie Ihre Alltagsthemen immer wieder mal aus den drei verschiedenen Rollen heraus. Dadurch, dass Sie bei dieser Übung immer auf die jeweils selben Positionen wechseln, werden die einzelnen Stimmungslagen mit den zugehörigen Plätzen richtig verbunden. Das ist Sinn und Zweck des räumlichen Wechsels: Schon bald kann allein der Positionswechsel auf den positiv gestimmten Platz einen Stimmungswandel bewirken. Und Sie werden beobachten: Je öfter Sie auf dem optimistischen Platz sind, umso leichter wird Ihnen diese Haltung gelingen. Das ist Trainingssache, wie beim Sport: Je öfter Sie trainieren, desto besser werden Sie.[5]

Und noch etwas: Unangenehme Gefühle sind auch wichtig. Es ist zum Beispiel wichtig, Ärger wahrzunehmen und auch herauszulassen. Es wäre ungesund und schlecht für Ihr Seelenwohl, wenn Sie unangenehme Gefühle unterdrücken, wegschieben, hinunterschlucken würden. Auch der Pessimist ist wichtig für Ihre Seelenhygiene. Ärger soll auch mal raus, genauso ist es wichtig, Angst zuzulassen oder auch ein Problem anzugehen. Der Optimist kann Ihnen in ärgerlichen Situationen helfen, schneller aus einem unangenehmen Gefühl herauszufinden. Es ist aber keineswegs das Ziel, widrige Gefühle gänzlich loszuwerden, sondern vielmehr, sie seltener und weniger lang ertragen zu müssen.

Nun sind Sie zu Übungszwecken noch mit einem persönlichen Thema gefordert:

Meine Stimmungsmacher in einer schwierigen Situation

Überlegen Sie sich eine Situation, in der Ihr innerer Pessimist, Nörgler oder Jammerer auf Ihrer Bühne steht und einen Alleinauftritt zelebriert.
Welches Thema hat ihn hierhergebracht?

_____

_____

_____

_____

Was hat Ihr Pessimist dazu zu sagen?

_____

_____

_____

_____

*Nun bitten Sie einmal Ihren inneren Neutralen auf die
Bühne. Auch er soll seinen Kommentar dazu abgeben:*

_____

_____

_____

_____

_____

*Der Optimist wartet sicher schon freudig auf seinen
Auftritt. Was meint er dazu?*

_____

_____

_____

_____

_____

_____

Zum Abschluss dieses Kapitels verweilen Sie noch ein bisschen auf dem Optimistenplatz und genießen Sie seine Kraft. Tanken Sie sich mit seiner guten Energie auf und machen Sie sich bewusst, dass der Optimist in Ihnen wohnt. Er ist ein wertvoller Teil von Ihnen. Sie können ihn jederzeit auf Ihre innere Bühne bitten.

3. MACH SCHNELL UND STRENG DICH AN!

»Schneller!«, »Beeil dich!« oder »Mach es besser!« –
Befehle wie diese kommen nicht unbedingt nur von anderen
Menschen.
Sehr oft sind es innere Stimmen, die uns auf diese Art fordern. In der Psychologie spricht man von »inneren Antreibern«.
Sie motivieren uns, besser, schneller, stärker zu werden, und
sorgen dafür, dass wir immer wieder Neues lernen und erfolgreich sind. Sie können aber auch recht unangenehm sein und
mitunter zu viel Druck auf uns ausüben. Wenn die inneren
Antreiber zu viel Macht haben, können sie einem das Leben
ganz schön vermiesen. In diesem Kapitel finden Sie Anregungen
und Ideen, wie Sie Ihre inneren Antreiber im Zaum halten können.

Als ersten Schritt möchte ich Sie zu einem Test einladen, der
Sie Ihren Antreibern näherbringen wird. Bitte führen Sie den
Test spontan durch. Bewerten Sie nachfolgende Sätze darüber,
wie Sie sich gegenwärtig in Ihrem Alltag sehen, und verwenden Sie dazu die Skala von 1–5.

Der Antreibertest
Bitte geben Sie jedem Satz eine Punktzahl, je nachdem, wie
sehr die Aussage auf Sie zutrifft – entscheiden Sie sich spontan:

1 Punkt: Das passt überhaupt nicht zu mir.
2 Punkte: Darin erkenne ich mich eher nicht wieder.
3 Punkte: Das trifft schon ein bisschen zu.
4 Punkte: Das trifft es schon ziemlich genau.
5 Punkte: Genau so bin ich.

Aussage	Punkte
1. Wenn ich ein Projekt abschließe, dann nur nach mehrmaliger Überarbeitung.	
2. Ich komme nie zur Ruhe und habe immer das Gefühl, etwas tun zu müssen.	
3. Wenn ich etwas schaffen will, arbeite ich hart dafür.	
4. Ich habe das Gefühl, für das Wohl meiner Mitmenschen verantwortlich zu sein.	
5. Mein Gesichtsausdruck ist eher ernst.	
6. Ich versuche oft, mehrere Dinge gleichzeitig zu tun.	
7. Meine eigenen Wünsche erfülle ich mir immer schnell.	
8. Ich beeile mich, um meine Aufgaben stets möglichst zügig zu erledigen.	
9. Ich versuche, noch besser zu sein, als man von mir erwarten würde.	
10. Das Lob anderer für meine Leistungen ist mir wichtig.	

Aussage	Punkte
11. Ich finde mich oft in der Rolle des Vermittlers wieder.	
12. Oft rede ich zu viel.	
13. Ich achte darauf, meine Aufgaben immer exakt und gründlich zu erledigen.	
14. Ich bin unsicherer und verletzlicher, als ich mir anmerken lasse.	
15. Ich strenge mich immer sehr an.	
16. Wenn andere grundlos langsam sind, gehen sie mir auf die Nerven.	
17. Ein typischer Satz von mir ist: »Das verstehe ich nicht ...«	
18. Wenn ich ein Problem habe, mache ich das mit mir selber aus.	
19. Es ist mir wichtiger, dass es meinen Mitmenschen gutgeht, als meine eigenen Bedürfnisse zu befriedigen.	
20. Ich kann mir nicht vorstellen, einfach in den Tag hineinzuleben.	
21. Ich habe kaum Verständnis für Leute, die keinen Wert auf Genauigkeit legen.	
22. Was ich angefangen habe, bringe ich auch zu Ende.	

Aussage	Punkte
23. Wenn andere dumme Fehler machen, reagiere ich mit Ungeduld.	
24. Wenn ich mich mit jemandem unterhalte, nicke ich oft.	
25. Ich halte andere auf Distanz, damit sie mich nicht verletzen können.	
26. Ich könnte vieles noch besser machen.	
27. Ich will nicht mit anderen über das reden, was mich belastet.	
28. Ich halte mich an den Leitsatz: »Nie aufgeben.«	
29. Ich gehe mit anderen eher distanziert um.	
30. In Diskussionen falle ich meinem Gesprächspartner oft ins Wort.	
31. Wenn man etwas erreichen will, muss man hart arbeiten, es wird einem nichts geschenkt.	
32. Ich bin nervös.	
33. Ich erkläre gerne klar und deutlich und strukturiere meine Argumente: erstens ...; zweitens ...; drittens ...	
34. Ich bin der Ansicht, dass alles viel komplizierter ist, als man denkt.	
35. Es fällt mir schwer, das Verhalten anderer zu kritisieren.	
36. Es fällt mir auch bei unbedeutenden Angelegenheiten schwer, an andere zu delegieren.	

Aussage	Punkte
37. Ich bin immer in Hektik.	
38. Ich mag es nicht, vor anderen Schwäche zu zeigen.	
39. Ich bin oft ungeduldig.	
40. Mich bringt man so leicht nicht aus der Ruhe.	
41. Es gefällt mir, wenn sich jemand klar und verständlich ausdrückt.	
42. Es fällt mir leicht zu sagen: »Wäre es Ihnen recht, das zu übernehmen?« Es fällt mir schwer zu sagen: »Bitte übernehmen Sie das.«	
43. Ich bin bemüht, mich nicht unterkriegen zu lassen, nicht aufzugeben.	
44. Ich versuche mich so zu verhalten, wie andere es von mir erwarten.	
45. Ein typischer Satz von mir ist: »Mach schon, das könnte viel schneller gehen!«	
46. Ich äußere meine Ansichten nie, ohne sie auch mit Argumenten zu untermauern.	
47. Meinen Gefühlen Ausdruck zu verleihen fällt mir schwer.	
48. Eindeutige Aussagen zu treffen fällt mir schwer.	
49. Ich benutze im Gespräch häufig: »genau«, »exakt«, »klar«, »logisch« und ähnliche Ausdrücke.	
50. Von anderen gemocht zu werden ist mir sehr wichtig.	

Übertragen Sie bitte die Punktzahl des jeweiligen Satzes in die Tabelle. (Bei Nr. 1 wird die Punktzahl eingetragen, die Sie dem Satz Nr. 1 gegeben haben. Bei Nr. 8 nehmen Sie den Wert von Satz Nr. 8.)

»Sei perfekt!«	»Mach schnell!«	»Streng dich an!«	»Mach es allen recht!«	»Sei stark!«
Nr. 1	Nr. 6	Nr. 2	Nr. 4	Nr. 14
Nr. 5	Nr. 7	Nr. 3	Nr. 10	Nr. 18
Nr. 9	Nr. 8	Nr. 15	Nr. 11	Nr. 23
Nr. 13	Nr. 16	Nr. 17	Nr. 12	Nr. 25
Nr. 21	Nr. 30	Nr. 20	Nr. 19	Nr. 27
Nr. 26	Nr. 32	Nr. 22	Nr. 24	Nr. 29
Nr. 33	Nr. 37	Nr. 28	Nr. 35	Nr. 38
Nr. 36	Nr. 39	Nr. 31	Nr. 42	Nr. 40
Nr. 46	Nr. 41	Nr. 34	Nr. 44	Nr. 43
Nr. 49	Nr. 45	Nr. 48	Nr. 50	Nr. 47
Summe	Summe	Summe	Summe	Summe

Wenn Sie nun alle Werte übertragen haben, können Sie die Summen der einzelnen Kategorien bilden und sehen anhand der Punktzahl, welche Antreiber Ihre mächtigsten sind, welche auf Ihrer inneren Bühne das Sagen haben.

Welche beiden Antreiber haben bei Ihnen die höchste Punktezahl erreicht?

1. Hauptantreiber: ＿＿＿＿＿＿＿＿＿＿＿＿＿＿＿＿
    Punktzahl: ＿＿＿＿＿＿＿
2. Hauptantreiber: ＿＿＿＿＿＿＿＿＿＿＿＿＿＿＿＿
    Punktzahl: ＿＿＿＿＿＿＿

Das ist natürlich ein sehr kurzer Test, der nicht Ihre Gesamtpersönlichkeit widerspiegelt, er soll Ihnen aber eine Tendenz zeigen, wie Ihre Bühne besetzt ist.

Und hier Ihre Auswertung:

Alle Werte unter 30

Wenn bei Ihrem Testergebnis alle Werte unter 30 liegen, machen Ihnen Ihre Antreiber keinen Stress. Sie erfüllen Ihren positiven Zweck als Motivator und brauchen wohl kaum Gegenmaßnahmen. Bis zu einem Wert von 30 Punkten sind Antreiber durchaus förderlich und gut verträglich.

Auch Werte über 30

Wenn Sie Werte haben, die höher als 30 sind, ist es sehr wahrscheinlich, dass Ihre Antreiber zu anstrengend, zu fordernd sind.

Auch Werte über 40

Vor allem bei einer Punktezahl über 40 besteht dringender Handlungsbedarf, um Ihre inneren Antreiber in die Schranken zu weisen. Wie das funktioniert, erfahren Sie in diesem Kapitel.

Die Geburt des Antreibers

Ein Antreiber kann aus verschiedenen Gründen auf Ihre innere Bühne gelangt sein.[6]

1. Antreibersätze, die Sie als Kind sehr oft zu hören bekamen

Antreibersätze sind häufig Formulierungen, die Sie in der Kindheit sehr oft gehört haben. Egal, ob von der Mutter, vom Vater, vom Opa oder von der Kindergärtnerin. Das sind Sätze, die Sie so oft gehört haben, dass Sie sie verinnerlicht haben. Diese Sätze braucht Ihnen heute niemand mehr zu sagen, die sagen Sie sich selbst.

In diesem Fall haben sich die Antreiber schon sehr früh bei Ihnen eingenistet und in Ihnen Glaubenssätze verankert. Sie wirken wie Gesetze, die in Stein gemeißelt sind, und werden somit auch nicht mehr hinterfragt. Diese Antreiber sind des-

halb so mächtig, weil sie zu einer Zeit entstanden sind, als Sie noch in Abhängigkeit von Ihrer Mutter, Ihrem Vater oder Ihrer Oma waren. Für ein Kind ist die Aufmerksamkeit und Liebe seiner Bezugspersonen existenziell. Deshalb ist das Kind bemüht, Anweisungen und Aufforderungen zu gehorchen.

Hier ist Folgendes passiert: Die Ausführung eines Befehls oder einer Bitte wurde mit dem Erhalt von Zuwendung verknüpft. Nur wenn ich gehorche, sind alle zufrieden mit mir. Diese Verknüpfungen bestehen oft ein Leben lang. Sie zu entknoten kann sehr hilfreich sein. Mit einem Beispiel wird das klarer:

Florian

Florian ist drei Jahre alt und ein sehr braver Bub. Fast zu brav. Seine Mama ist recht streng mit ihm und verlangt, dass Florian ihre »Befehle« immer gleich ausführt. Wenn Florian nicht gehorcht, wird seine Mama sehr rasch ungeduldig und reagiert oft heftig. Sehr bald hat Florian gelernt: »Nur wenn ich mache, was meine Mama sagt, bin ich ein braver Bub, und sie hat mich lieb. Wenn ich ›nein‹ sage, wird Mama böse, und sie hat mich gar nicht lieb.« Hier ist etwas Übles passiert: Der kleine Florian hat gelernt, dass er nicht nein sagen darf. Wenn er nein sagt, ist die Mama böse. Und das versucht er verständlicherweise zu vermeiden. Also bildet sich in ihm der Glaubenssatz: »Wenn ich nein sage, werde ich nicht geliebt.« Oder: »Wenn ich nein sage, bekomme ich keine Anerkennung.« Anerkennung will aber jeder haben. Deshalb muss Florian das Nein vermeiden. Glaubt er zumindest. Heute ist Florian 38 Jahre alt, und es fällt ihm immer noch schwer, nein zu sagen. Wenn seine Kollegin ihn bittet, ihre

Akten auch noch zu übernehmen, so tut er es. Wenn sein Chef ihn bittet, Überstunden zu machen, so tut er es. Wenn dann noch seine Frau ihn bittet, früher nach Hause zu kommen, so kommt er in arge Bedrängnis. Das Nein bringt er kaum über die Lippen. Dieser Zustand bleibt so lange bestehen, bis er in der Lage ist, den Zusammenhang zu erkennen und aufzulösen. So lange, bis ihm bewusst wird, dass die Verknüpfung von Nein und Liebesentzug vor einigen Jahrzehnten gültig war, dass sie aber heute keineswegs mehr relevant ist. Das geht jedoch keineswegs von heute auf morgen. Schritt für Schritt muss er lernen, dass er trotz ausgesprochener Neins noch immer geliebt wird, Anerkennung bekommt und ein guter Freund bleibt. Das muss mehrfach ausprobiert, bestätigt und erprobt werden. Erst nach und nach erlaubt er sich, auch auf seine eigenen Bedürfnisse zu achten, sich abzugrenzen und eben immer wieder das Nein auszusprechen. Dafür braucht er auf jeden Fall viel Geduld.

2. Innere Antreiber durch Lernen am Modell

Antreiber können auch durch *Lernen am Modell* ins Leben gerufen werden. Eine Person mit Vorbildfunktion ist dann das Rollenmodell für diesen Anteil. Hier werden die Antreiber (im Gegensatz zu Punkt 1) nonverbal vermittelt. Nicht durch ausgesprochene Befehle, sondern durch Modellwirkung entstehen innere Glaubenssätze.

Gerda

Gerdas Mutter ist sehr ordentlich. Sie ist diszipliniert, strukturiert, sie hat ihr Leben anscheinend voll im Griff. Sie ist erfolgreich und scheint sehr happy zu sein. Gerda kommt zu dem Schluss: »So will ich es auch machen. Wenn ich es in meinem Leben zu etwas bringen will, so brauche ich Ordnung, Selbstdisziplin und Korrektheit. Das ist der Plan. So geht es.« Gerda hat den Glaubenssatz kreiert, dass nur mit strenger Ordnung und Disziplin Ziele erreicht werden könnten und Erfolg möglich sei. Der Antreiber ist geboren: Sei perfekt! Dann schaffst du es. Wenn dieser Antreiber zu mächtig wird, kann er Gerda das Leben ganz schön schwer machen.

3. Antreiber als Gegenstrategie: Ich mache es anders

Es kann auch sein, dass Sie sich Ihren Antreiber als Gegenstrategie zu unerwünschtem Verhalten selbst »installiert« haben.

Marlene

Marlene hat eine große Schwester, die emotional sehr labil ist und sehr oft weint, betrübt und unglücklich ist. Für Marlene ist dies mitunter recht belastend. Sehr oft ist sie die Trösterin, und sie kommt schnell in die Rolle der Starken. Ihre eigenen Gefühle haben keinen Platz mehr, sie ist im Familiensystem die Zuverlässige, die Stabile, die Belastbare. Ihr innerer Antreibersatz lautet: Sei stark! Diese Strategie hat sie sehr früh als Gegenprogramm zu ihrer schwachen Schwester gestartet. Heute, als erwachsene Frau, ist Marlene immer noch stark. Dagegen ist prinzipiell nichts zu sagen. Außer, die Stärke wird zur Last: Wenn sich die Stärke wie ein Panzer um ihre Ängste, Sorgen und Traurigkeit legt und alle Gefühle erstickt. Antreiber haben Vor- und Nachteile.

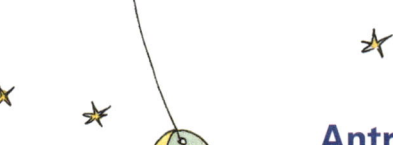

Antreiber – wozu?

Nun werden wir die einzelnen Antreiber etwas genauer unter die Lupe nehmen. Der Antreiber macht – Sie werden es bei den einzelnen Beschreibungen merken – einen Teil Ihrer Persönlichkeit aus.

Antreiber sind gut!

An sich sind Antreiber sehr wertvoll, wichtig und gut. Sie sind Ihr Motor und Motivator. Sie können froh sein, Antreiber in sich zu haben, weil sie dafür sorgen, dass Sie aktiv sind. Sonst würden Sie z. B. dieses Buch nicht lesen. Die Antreiber bringen Sie dazu, etwas zu tun.

Antreiber sind schlecht!

Problematisch wird die Geschichte mit den Antreibern erst dann, wenn die Antreiber zu mächtig sind – also dann, wenn bei Ihrem Testergebnis ein höherer Wert als 30 herauskommt. In diesem Fall übt der Antreiber viel Druck auf Sie aus und verursacht Ihnen dadurch ständig Stress. Auch dann, wenn in Wirklichkeit Entspannung angesagt wäre. Wenn Ihre Antreiber zu viel Macht ausüben, besteht die Gefahr, dass Sie in ein Burn-out getrieben werden.

Wenn Sie sich wieder Ihre innere Bühne vorstellen, so ist ein sehr mächtiger Antreiber ein Alleinherrscher, der die Hauptrolle spielt und keinen anderen mehr zu Wort kommen lässt. Er macht Druck, er ist streng und unnachgiebig. In diesem Fall ist es wichtig, seine Macht zu reduzieren und dafür zu sorgen, dass auch Entspannung möglich wird. Dass Sie sich auch Zeit lassen dürfen, dass Sie auch mal für sich selbst sorgen dürfen, dass Sie auch Fehler machen dürfen, je nachdem, was Ihr persönliches Thema ist.

Darf ich vorstellen: die Antreiber!

Im Folgenden sind die vielen Stärken und Schwächen jedes Antreibers aufgelistet, wobei keineswegs alles auf Sie zutreffen muss. Möglicherweise ist es auch nur einer der aufgezählten Punkte, der Sie genau beschreibt. Sie werden natürlich jene Antreibereigenschaften besonders zutreffend finden, deren Punktzahlen bei Ihnen am höchsten liegen.

Sei perfekt!
Die *Stärke* dieses Antreibers liegt darin, dass Sie durch ihn sehr genau und zuverlässig sind. Sie kümmern sich um Details und bringen sehr viel Geduld auf, um alles richtig zu machen. Sie können sehr gut planen und beleuchten Dinge von mehreren Seiten. Ob im Beruf oder zu Hause: Sie sorgen für Ordnung und Übersicht. Jeder Chaot wird Sie um diese Eigenschaften grenzenlos beneiden.
Wenn Ihr Perfektionismus-Antreiber jedoch zu mächtig ist, kann er auch zur Plage werden: Sie können keine Fehler zulassen,

wahrscheinlich delegieren Sie auch ungern, weil die anderen die Aufgabe sicher nicht so gut erledigen können wie Sie selbst. Und es kann auch sein, dass Sie eine Arbeit nur schwer abschließen können, weil sie eben noch nicht perfekt ist. Dieser Antreiber kann Sie dazu zwingen, alle Aufgaben zu 100 % zu erledigen, auch wenn 80 % ausreichend wären. Er kann Sie veranlassen, alles ganz genau zu sortieren und in Ordnung zu halten. In manchen Fällen kann das auch zur Qual werden – für einen selbst oder für die Mitmenschen. Dann ist es an der Zeit, die Macht des Antreibers etwas zu reduzieren und für ein wenig Lockerheit zu sorgen.

Mach schnell!

Ihr Vorteil: Wenn dieser Antreiber bei Ihnen das Sagen hat, so können Sie sich über Ihr hohes Tempo freuen. Sie erledigen in kurzer Zeit ein hohes Arbeitspensum, möglicherweise sind Sie auch perfekt im Multitasking – also dem Erledigen mehrerer Aufgaben gleichzeitig. Sicherlich bringen Sie mit Ihrem hohen Tempo viel Dynamik in eine Gruppe und versuchen, Ihre Umgebung mit Ihrer Geschwindigkeit anzustecken. So können Sie für Schwung und Begeisterung sorgen. Sie können großzügig und flott arbeiten und verlieren sich nicht in Details. Um noch schneller arbeiten zu können, sind Sie vielleicht auch sehr gut im Delegieren. Erst wenn Ihr »Mach schnell!«-Antreiber allzu hektisch wird, wird es problematisch:

Die *Nachteile* dieses Antreibers liegen darin, dass Sie durch Ihr hohes Tempo möglicherweise auch öfter Fehler machen. Während Ihnen etwas erklärt wird, denken Sie vielleicht schon an die nächste Aufgabe. Dadurch, dass Sie vieles gleichzeitig erledigen, fällt es Ihnen möglicherweise sehr schwer, sich auf eine Sache zu konzentrieren. Wenn das Tempo dann zu hoch wird, besteht auch die Gefahr, dass Sie Hektik verbreiten und vor allem bei langsamen Menschen auf Unverständnis stoßen. Langsame Menschen können Sie zur Raserei treiben und umgekehrt. Ist Ihr »Mach schnell!«-Antreiber allzu mächtig, können Sie gar nicht mehr zur Ruhe kommen. Sie müssen dann auch »ganz schnell entspannen« und dann noch schnell etwas erledigen – selbst wenn mal eine Pause angesagt wäre.

Streng dich an!

Wenn Sie ein Streng-dich-an-Typ sind, sind Sie sehr zuverlässig, einmal gesteckte Ziele werden Sie auch erreichen – eine sehr gefragte Eigenschaft. Durch Ihr Pflichtbewusstsein sind Sie für viele Menschen ein Vorbild. Auch wenn eine Aufgabe schwierig ist, werden Sie sie lösen. Sie haben die nötige Ausdauer und können sich richtig durchbeißen. Es macht Ihnen Spaß, wenn Sie hohen Einsatz zeigen können. Sie sind eine richtig emsige Biene. Doch Vorsicht:

Das *Problem* mit diesem Antreiber ist, dass Sie sich immer sehr anstrengen müssen. Was leicht von der Hand geht, zählt gar nicht, es geht eher darum, Leistung zu zeigen, sich anzustrengen, zu kämpfen und viel Kraft aufzuwenden. Wenn dieser Antreiber sehr mächtig ist, sind Leichtigkeit und Unbeschwertheit für Sie Fremdwörter – denn Sie wählen gerne den Weg des größten Widerstandes. Einfache Lösungen wollen Sie vielleicht gar nicht annehmen. Es kann auch vorkommen, dass Sie Erfolge gar nicht so richtig genießen können. Ihr Motto könnte sein: Ohne Fleiß kein Preis.

Mach es allen recht!

Wenn dies Ihr Antreiber ist, dann darf ich Ihnen zu Ihrer hohen sozialen Kompetenz gratulieren. Sie sind ein wahrer Beziehungsmanager. Sie können sehr gut auf andere eingehen, haben ein hohes Einfühlungsvermögen und sind mit Sicherheit auch teamfähig. Sehr wahrscheinlich sind Sie auch kompromissbereit und wirken in Gruppen ausgleichend. Ihre diplomatischen Fähigkeiten kommen Ihnen wahrscheinlich immer wieder zugute, Ihre Hilfsbereitschaft ist lobenswert. Sie laufen aber auch *Gefahr,* ausgenutzt zu werden. Da Sie niemanden verletzen wollen, gelten Sie als konfliktscheu, es fällt Ihnen mitunter wohl auch schwer, eindeutig Stellung zu beziehen. Andere Menschen wissen daher manchmal nicht so recht, woran sie bei Ihnen sind. Die Anerkennung der anderen ist Ihnen so wichtig, dass es Ihnen ungemein schwerfällt, das Wort »nein« auszusprechen. Ihre eigenen Bedürfnisse nehmen Sie nicht ernst genug, vielleicht kennen Sie sie ja nicht einmal.

Sei stark!

Wenn Sie bei diesem Antreiber eine hohe Punktzahl erreicht haben, dann fällt es Ihnen wahrscheinlich schwer, Schwäche zu zeigen. Sie wirken auf andere wie ein Fels in der Brandung und bieten besonders in Krisensituationen Sicherheit und Geborgenheit. Da Sie sicher auch durchsetzungsstark und konsequent sind, eignen Sie sich möglicherweise sehr gut als Führungskraft. In den meisten Situationen sind Sie entscheidungsfreudig.

Die **Gefahr** dieses Antreibers – wenn er zu mächtig wird – liegt darin, dass Sie für die Sichtweisen anderer manchmal wenig Interesse zeigen. Es fällt Ihnen wahrscheinlich auch schwer, Schwächen einzugestehen oder um Hilfe zu bitten. Ihre Gefühlswelt bleibt den meisten verborgen – vielleicht sogar Ihnen selbst –, dadurch kann das Thema Nähe mitunter problematisch werden.

✳ PAUSE ✳

Wie im Theater gibt es auch hier eine Pause. Dieses Kapitel ist lang und anstrengend – auch wenn Sie das noch nicht bemerkt haben. Ich empfehle Ihnen, gönnen Sie sich eine Verschnaufpause. Vielleicht wollen Sie aufstehen, ein paar Schritte gehen, vielleicht wollen Sie sich etwas zu trinken holen oder sogar eine kleine Runde um den Häuserblock drehen. Abschalten, durchatmen, bewegen, auslüften. Ihr innerer Antreiber widerspricht vielleicht und sagt: Mach weiter! Das schaffst du schon! Oder er hetzt: Beeil dich, das muss schneller gehen! Trotzdem empfehle ich ganz eindeutig: PAUSE! Mindestens zehn Minuten.

* 10 MINUTEN SPÄTER *

Der Erlauber: Ihr Auftritt bitte!

Der Erlauber schmälert die Macht Ihres Antreibers. Er nimmt Ihnen Druck und verringert Ihren Stress. Um Ihrem Erlauber genug Aufmerksamkeit zukommen zu lassen, werden Sie sich hier auch mit ihm ausführlich beschäftigen. Das heißt, Sie werden sich auf die Suche nach dem Satz begeben, der Ihren Antreiber am wirksamsten in seine Schranken weist. Bei der Suche nach geeigneten Erlaubersätzen sollten Sie Folgendes beachten:

✱ ***Erlaubersätze sollen immer positiv formuliert sein,*** weil Verneinungen nicht ins Unterbewusstsein vordringen. Wenn ich Ihnen beispielsweise rate, nun **nicht** an einen Palmenstrand zu denken, sehen Sie sicher schon Palmen vor Ihrem inneren Auge. Auch wenn ich Ihnen sage, dass auf diesem Palmenstrand **keine** Hängematte ist, werden Sie sich des Bildes der Hängematte nicht erwehren können. Es ist nun egal, ob Sie am Palmenstrand sind oder in

Ihrer Wohnung, Sie sollten jedenfalls bei Ihrer Suche nach dem Erlaubersatz Verneinungen (nicht, kein, un-) vermeiden, sonst passiert das Gleiche wie mit dem Palmenstrand. Angenommen, Ihr Antreiber lautet: »Mach schnell!«, so könnte Ihr Erlauber lauten: »Du darfst dir auch Zeit lassen.« Sagt der Erlauber nämlich: »Du brauchst *nicht* schnell zu machen«, so ist das Schnellmachen schon wieder in Ihrem Kopf und wird seine Wirkung zeigen.

* *Erlaubersätze enthalten sehr oft das Wort »dürfen«.* »Du darfst ...« oder »Ich darf ...«, das hat an sich schon eine weiche, entlastende Wirkung. Dieses weiche *Dürfen* des Erlaubersatzes ist ein guter Kontrast zu dem harten *Müssen,* das oft in Antreibersätzen vorkommt.
* Wenn Ihr Antreibersatz in einem *Dialekt formuliert* ist, wählen Sie am besten auch einen Erlaubersatz im Dialekt.
* Bei den Erlaubersätzen gilt, wie auch bei den Antreibern, dass es sowohl *Du-* als auch *Ich-Sätze* geben kann. Am besten, Sie probieren, welche Variante für Sie angenehmer klingt: »Ich darf mir auch Zeit lassen« oder »Du darfst dir auch Zeit lassen«.

Wenn Sie sich jetzt also auf die Suche nach Ihren ganz persönlichen Erlaubersätzen begeben, wählen Sie bitte zunächst die Antreiber aus, die bei Ihnen das Sagen haben (mehr als 30 Punkte im Test). Haben Sie mehrere mächtige Antreiber, so brauchen Sie auch mehrere Erlauber auf Ihrer Bühne.

Meine Antreiber und Erlauber

Sie haben nun die Vorteile und Tücken der einzelnen Antreiber kennengelernt und wissen, was für die Erlauber wichtig ist. Nun begeben Sie sich auf die Suche nach Ihren ganz persönlichen Antreibersätzen, also nach den Formulierungen, die Sie in einem inneren Monolog immer wieder hören.

- Das kann exakt der Satz sein, den Sie als Kind oft zu hören bekamen, oder eine Abwandlung davon.
- Sätze, die Sie wie eine innere Stimme immer wieder zu sich selbst sagen.
- Diese Sätze können auch im Dialekt sein.
- Der Antreibersatz enthält sehr oft das Wort »muss«.
- Antreibersätze gibt es in der Du-Form (z. B. »Du musst dich beeilen!«) oder in der Ich-Form (z. B. »Ich muss mich beeilen!«).

Vielleicht haben Sie Ihre persönlichen Antreibersätze parat, haben sie im Ohr und müssen nicht nach ihnen suchen. Genauso kann es sein, dass Ihnen die Antreibersätze gar nicht bewusst sind. Dann ist es sinnvoll, sich in einem ersten Schritt eine Liste von Spielarten der Kommandos zu machen, um sich so Ihrem persönlichen Satz annähern zu können.

Antreiber und Erlauber »Sei perfekt!«

Wenn Sie bei diesem Antreiber im Test eine höhere Punktzahl als 30 erreicht haben, so ist es Zeit, dass dieser Antreiber auf Ihrer inneren Bühne einen Gegenspieler erhält – einen Erlauber, der gerne auch unperfekt sein darf.

Mein Antreiber »Sei perfekt!«

Überlegen Sie nun bitte, spüren Sie nach, hören Sie in sich hinein, welche Sätze Ihr innerer Antreiber »Sei perfekt!« Ihnen immer wieder sagt.

Machen Sie eine Art Brainstorming und sammeln Sie vorerst verschiedene Varianten und Spielarten der Befehle und Kommandos.

Das können Sätze sein wie:

* *Du musst es perfekt machen!*
* *Du schaffst es noch besser!*
* *Erlaube dir ja keinen Fehler!*
* *Nur wenn es perfekt ist, ist es gut.*

Jetzt sind Sie an der Reihe. Suchen Sie Varianten, die Ihnen bekannt vorkommen, mit denen Ihr persönlicher Antreiber Sie zum Perfektionismus anhält:

* _____

* _____

* _____

* _____

Dieser Antreiber – so viel Sie ihm auch zu verdanken haben, weil er für Ihre Genauigkeit und Zuverlässigkeit verantwortlich ist – kann Ihnen mitunter wahrscheinlich das Leben auch ganz schön schwer machen. In diesem Fall ist es ratsam, sich auf die innere Bühne auch einen Erlauber einzuladen. Eine Instanz, die weniger streng ist, die den Druck mindert und auch mal ein Auge zudrücken kann.

Nun haben Sie die Sätze Ihres Antreibers identifiziert, das wird Ihnen helfen, einen Erlauber auf Ihre Bühne zu bringen. Der Erlauber ist derjenige, der die Macht des Antreibers schwächt. Dass ein Erlaubersatz gut gewählt ist, merken Sie daran, dass er wie Seelenbalsam wirkt. Der Druck ist plötzlich weg. Sie müssen dann nicht mehr perfekt sein, der Erlauber gestattet Ihnen, mitunter auch einen Fehler zu machen.

Begeben Sie sich nun selbst auf die Suche nach Erlaubersätzen, die entlastende Wirkung auf Sie haben. Sie können sich ganz bildlich vorstellen, dass ein »strenger Onkel« sagt: »Du musst alles richtig machen.« Und dann taucht ein »lieber Onkel« auf, der sagt: »Du darfst auch Fehler machen.« Welche Sätze könnte der »liebe Onkel« noch sagen?

Meine Erlauber als Gegenpol zu »Sei perfekt!«

Hier ein paar Vorschläge:

* *Ich darf auch Fehler machen und aus ihnen lernen.*
* *Ich bin auch nur ein Mensch.*
* *Irren ist menschlich.*
* *Manchmal genügen auch 80 %.*

Nun können Sie selbst Sätze finden, die ein Gegenpol zu Ihrem Antreiber sein sollen. Und vergessen Sie nicht, dass Erlaubersätze positiv formuliert sein sollen.

* _____

* _____

* _____

* _____

An dieser Stelle noch ein wichtiger Hinweis: Wenn Sie bei »Sei perfekt!« eine sehr hohe Punktzahl erreicht haben, dann ist es Ihnen außerordentlich wichtig, **den perfekten** Satz zu finden, den ultimativen, einzigartigen, genau passenden. Hier muss ich Sie enttäuschen: Den gibt es nicht. Bzw. ich möchte Sie entlasten: Nehmen Sie den Satz, der Ihnen am meisten entgegenlacht. Der tut's auch, zumindest für den Anfang.

Hier wird auch oft das Argument angeführt, dass es in manchen Berufen absolut notwendig ist, fehlerfrei zu arbeiten. Eine Chirurgin darf sich bei der Operation ebenso wenig einen Fehler erlauben wie ein Pilot bei der Landung. Da gebe ich Ihnen durchaus recht. Aber oft wird dieses Perfektionsstreben dann auch in die Freizeit mitgeschleppt. Auch da muss alles perfekt sein, durchgeplant und ordentlich. Und hier die Zügel etwas lockerer zu lassen, das wird Ihnen guttun.

Antreiber und Erlauber »Mach schnell!«

Ja, ich weiß, Sie haben es eilig, wir müssen schnell machen, also keine lange Vorrede: Beschäftigen Sie sich bitte zu Beginn mit Ihren persönlichen Antreibersätzen.

Mein Antreiber »Mach schnell!«

Sammeln Sie bitte an dieser Stelle Varianten von dem Befehl »Mach schnell!«. Horchen Sie in sich hinein, welche Spielarten von Kommandos Sie kennen. Hier ein paar Vorschläge:

* *Beeil dich!*
* *Gib Gas!*
* *Ich muss schneller machen!*
* *Hopphopp!*
* *Das muss schneller gehen!*

Welche Sätze fallen Ihnen noch ein?

61

* _____

* _____

* _____

* _____

Ihrem inneren Antreiber haben Sie viel zu verdanken, er macht Sie effizient und mitreißend für andere. Wenn der Antreiber ständig ein hohes Tempo von Ihnen verlangt, wenn er Ihnen gar keine Verschnaufpause gönnt und zu mächtig ist (wenn Ihre

Punktzahl über 30 Punkten liegt), dann ist es allerhöchste Zeit für Sie, einen Erlauber zu engagieren. Sonst galoppieren Sie auf einen Zusammenbruch zu.

Mein Erlauber als Gegenpol zu »Mach schnell!«

Suchen Sie hier nach Sätzen, die Ihnen gestatten, im Tempo auch mal nachzulassen. Unterschiedlichste Sätze, die Ihnen den Druck nehmen, immer alles schnell zu machen. Sätze, die Sie zu Langsamkeit verführen, Ihnen Gemütlichkeit gönnen. Sätze wie:

* *Ich darf mir auch Zeit lassen.*
* *In der Ruhe liegt die Kraft.*
* *Ich habe ausreichend Zeit.*
* *Ich darf auch langsam machen.*
* *Ich nehme mir die Zeit, die ich brauche.*

Suchen Sie nun Varianten, die Ihnen wohltun:

* _____

* _____

* _____

* _____

Dass ein Erlaubersatz der richtige für Sie ist, merken Sie daran, dass Sie beim Sagen dieses Satzes gleich ein angenehmes, entspanntes Gefühl haben. Das kann sogar so weit gehen, dass es noch wohliger wird, wenn Sie den jeweiligen Satz gaanz laangsaam saagen. Also auch in der Sprechweise Tempo herausnehmen. Spüren Sie nach, wie sich das anfühlt.

Antreiber und Erlauber »Streng dich an!«

Wenn dieser Antreiber bei Ihnen das Sagen hat, setzt er alles daran, dass Sie sich anstrengen, dass Sie alles geben, dass Sie hart arbeiten.

Versteht sich von selbst, dass Sie sich bitte auch jetzt anstrengen sollen und sich als ersten Schritt auf die Suche nach den Botschaften begeben, die Ihr Antreiber von sich gibt:

Mein Antreiber »Streng dich an!«   63

Hier ein paar Vorschläge für Formulierungen, die dieser Antreiber gerne verwendet:

* *Du musst dich mehr anstrengen!*
* *Gib dir mehr Mühe!*
* *Im Leben bekommt man nichts geschenkt.*
* *Ohne Fleiß kein Preis!*
* *Streng dich an, sonst schaffst du's nicht!*

Welche Befehle fallen Ihnen noch dazu ein?

* _____

* _____

* _____

* _____

Sie haben Ihrem Antreiber natürlich so manches zu verdanken. Durch seinen Einsatz haben Sie Ausdauer, sind zuverlässig und pflichtbewusst.

Doch auch hier gilt: Wenn der Antreiber zu mächtig ist, kann er Ihr Leben mitunter zur Qual werden lassen. Dann stehen Anstrengung und Pflicht immer im Vordergrund, Leichtigkeit und Spaß kommen zu kurz. Aus diesem Grund brauchen Sie dringend einen Erlauber, der Ihnen Luft verschafft.

Mein Erlauber als Gegenpol zu »Streng dich an!«

Jetzt können Sie nach Sätzen suchen, die Ihnen das Leben leichter machen werden. Freuen Sie sich drauf, sie werden Wunder wirken. Hier ein paar Vorschläge:

* *Arbeit darf auch Spaß machen.*
* *Ich darf auch mal lockerlassen.*
* *Das Leben darf auch leicht sein.*
* *Ich darf auch Spaß haben.*
* *Leichtigkeit habe ich mir verdient.*

Nun sind Sie an der Reihe. Welche Seelenbalsamsätze fallen Ihnen ein?

* _____

* _____

* _____

* _____

Diese Erlaubersätze können Sie sich auf der Zunge zergehen lassen.

Ihr ganz persönlicher Erlauber soll ab nun regelmäßig auf Ihrer inneren Bühne seinen Auftritt haben. Sie haben sich das durchaus verdient!

Antreiber und Erlauber »Mach es allen recht!«

Auf diesen Antreiber können Sie wahrlich stolz sein. Ihm haben Sie zu verdanken, dass Sie hilfsbereit, einfühlsam und diplomatisch sind.

Mein Antreiber »Mach es allen recht!«

Mögliche Formulierungen Ihres Antreibers:

* *Schau, dass es allen gutgeht.*
* *Harmonie ist oberstes Gebot.*
* *Du musst dich um alle kümmern.*
* *Die anderen sind wichtiger als du.*

Nun sind Sie dran: Welche Antreibersätze fallen Ihnen ein? Welche sagen Sie sich selbst?

* _____

* _____

* _____

* _____

Wenn der Mach-es-allen-recht-Antreiber, der Sie zu so einem um-gänglichen Menschen macht, zu mächtig ist, laufen Sie Gefahr, es allen recht zu machen, nur sich selbst nicht. Sie selbst bleiben dann auf der Strecke. Ihre eigenen Bedürfnisse kennen Sie womöglich gar nicht mehr, so lange werden sie schon unterdrückt.

Mein Erlauber als Gegenpol zu »Mach es allen recht!«
Nun ist es an der Zeit, auch mal auf Ihre eigenen Wünsche zu hören und zu lernen, nein zu sagen. Ihre Erlaubersätze werden Ihnen dabei eine große Hilfe sein:
* *Ich darf auch nein sagen.*
* *Ich darf für mich selbst sorgen.*
* *Ich bin auch wichtig.*
* *Meine Bedürfnisse zählen.*
Begeben Sie sich auf die Suche nach Ihren ganz persönlichen Seelenbalsamsätzen:

* _____

* _____

* _____

* _____

Diese Sätze werden Wunder wirken – auch wenn Ihre Umgebung zu Beginn verstört reagieren wird. Man ist von Ihnen ja nicht gewohnt, dass Sie nein sagen. Aber es ist höchste Zeit dafür! Rufen Sie sich Ihre persönliche Erlaubervariante möglichst oft ins Gedächtnis. Es ist an der Zeit, dass Sie es sich selber recht machen!

Antreiber und Erlauber »Sei stark!«

Mit hoher Punktzahl in dieser Kategorie sind Sie ein sehr starker Mensch. Ihnen kann man wahrlich viel zumuten. Auch, sich auf die Suche nach Ihren persönlichen Antreibersätzen zu begeben:

Mein Antreiber »Sei stark!«
* *Ein Indianer kennt keinen Schmerz.*
* *Ich muss stark sein!*
* *Wer Schwäche zeigt, ist ein Feigling.*
* *Was mich nicht umbringt, macht mich stärker.*
Welche Antreibersätze kommen Ihnen noch bekannt vor?

* _____

* _____

* _____

* _____

Ist Ihr Antreiber hier zu mächtig, so bleiben Ihre Gefühle auf der Strecke. Die Gefahr für psychosomatische Erkrankungen steigt erheblich. Gefühle brauchen Raum und machen Sie authentischer. Der Erlauber wird Ihnen dabei behilflich sein, Gefühle und Schwächen zuzulassen. Nehmen Sie seine Hilfe an!

Mein Erlauber als Gegenpol zu »Sei stark!«

Gefühle zu zeigen ist ein Zeichen von Stärke.
Ich darf auch Hilfe annehmen.
Ich darf auch manchmal schwach sein.
Hier haben Sie Platz für Ihre ganz persönlichen Varianten, die Ihnen das Leben leichter machen werden:

* _____

* _____

* _____

* _____

Nun wünsche ich Ihnen viel Vergnügen mit Ihren Gefühlen. Genießen Sie es, Hilfe anzunehmen und sich einmal selbst an andere anlehnen zu können. Es ist erlaubt!

Ihren Antreiber haben Sie sicherlich schon sehr sehr lang auf Ihrer Bühne, der Erlauber ist möglicherweise eine Neubesetzung und noch nicht so sicher in seiner Rolle. Geben Sie dem Erlauber immer wieder eine Chance, auf die Bühne zu kommen, damit er lernen kann, sich gegen den Antreiber zu behaupten. Es ist nicht leicht für einen Anfänger, sich gegen einen alten Hasen durchzusetzen. Aber es geht. Seien Sie geduldig mit sich.

Das Gemeine an den Antreibern ist, dass sie genau wissen, dass sie die Bühne besonders in stressigen Situationen wieder für sich erobern können. In schwierigen Momenten besteht die Gefahr, dass man in alte Gewohnheiten zurückfällt, dass man die Kraft nicht aufbringt, das Neue, Ungewohnte beizubehalten. Daher: Bitte üben Sie sich in Geduld. Gewähren Sie Ihren Erlaubern immer wieder ihren Auftritt. Und genießen Sie die Neubesetzung.

Wenn Sie in Situationen geraten, in denen Ihr Erlauber plötzlich wieder verschwunden ist, seien Sie nicht zu streng mit sich selbst. Es ist aber ein ganz wichtiger Schritt zu erkennen, was schiefgelaufen ist, warum der Erlauber wieder verschwunden ist und wie man es beim nächsten Mal besser machen kann.

Es kann sich als sehr nützlich erweisen, die neu gefundenen Erlaubersätze an verschiedenen Plätzen zu verteilen, sie auf Post-its und auf den Badezimmerspiegel zu schreiben, als Bildschirmschoner zu verwenden oder in den Kalender zu notieren. So stolpern Sie immer wieder darüber und werden daran erinnert, auf sich selbst zu achten. Dadurch wird der Erlauber seinen Text immer besser können. Sie werden Ihren Erlauber mit jedem seiner Auftritte mehr ins Herz schließen und ein wohlwollender Regisseur sein, der ihn fördert und ihm zuruft: Zugabe!

4. TIERISCHES SPEKTAKEL

Heute unternehmen Sie einen kleinen Ausflug in das Reich der Tiere.

Sie können nämlich auch Tiere auf Ihre innere Bühne einladen und als Metapher für bestimmte Persönlichkeitseigenschaften nutzen. Aus Erfahrung weiß ich, dass bei dieser Übung manche Menschen im ersten Moment zurückschrecken oder es ihnen schwerfällt, sich das vorzustellen. Ich empfehle Ihnen, probieren Sie es ganz einfach aus.

Überwinden Sie Ihre Skepsis, versuchen Sie, nicht zu werten, und lassen Sie sich ganz einfach vom Effekt der Übung überraschen.

Es macht einen großen Unterschied, ob ich mir denke: »Ich bin stark«, oder ob ich mir vorstelle: »Ich bin eine Löwin.«

Denn die Löwin eröffnet einen größeren Assoziationsraum und kann emotionaler wirken als der Gedanke an Stärke. Durch das Bild der Löwin kommen Sie automatisch von der kognitiven Ebene auf eine emotionale Ebene.

Vielen Tieren werden traditionell besondere Eigenschaften zugeschrieben: So mancher muss sich als *fauler Hund* beschimpfen lassen, obwohl er doch *fleißig* ist *wie eine Biene.* Dank seiner *Adleraugen* entgeht ihm nichts, auch wenn er vielleicht kein *Gedächtnis* hat *wie ein Elefant.* Man sagt auch, jemand sei *stur wie ein Esel* oder *schlau wie ein Fuchs.*

Auch wenn diese Zuschreibungen manchmal gar nicht stimmen, schließlich sind Hunde nicht unbedingt sehr faul und Bienen gar nicht so fleißig, können Sie solche vorgefertigten Metaphern nutzen. Die Eigenschaften, die Sie einem Tier zuschreiben, müssen nicht der Realität entsprechen. Bei dieser Übung geht es nicht um Fachwissen über die Fauna, sondern vielmehr um die Eigenschaften, die Sie persönlich mit einem Tier verbinden, eine Verbindung von Bildern also, die Sie sich lebhaft vorstellen können.

Hier sind exemplarisch einige Tiere vorgestellt. Welches dieser Tiere spricht Sie am ehesten an? Oder fehlt ein Tier, das Ihnen wichtig erscheint? Ihr Lieblingstier?

Egal, ob aus dem Bild oder aus Ihrem Gedächtnis, Sie sollen sich nun zwei Tiere aussuchen.

Die Tiere auf meiner inneren Bühne

Das erste Tier, das Sie sich aussuchen, sollte eines sein, das Sie mit Eigenschaften und Verhaltensweisen in Verbindung bringen, die Sie selbst auch haben und die Sie auch an sich schätzen. Es ist also ein Tier, dem Sie sich in gewisser Weise verbunden fühlen.

Als erstes Tier habe ich gewählt:

Das zweite Tier soll Eigenschaften bzw. Verhaltensweisen aufweisen, die Sie bei sich gerne stärken möchten. Jene Eigenschaften, von denen Sie sich manchmal denken, »davon könnte ich mehr gebrauchen«.
Als zweites Tier habe ich gewählt:

_____

Sie haben sich nun also für zwei Tiere entschieden. Ein »Real-Tier«, das als Metapher für Ihre Realsituation dienen kann, und ein »Ideal-Tier«, das als Metapher für ein Idealbild steht.
Das erste Tier steht für: So bin ich.
Das zweite Tier steht für: So wäre ich gerne.

Marlene

Marlene hat bei dieser Übung folgende Tiere gewählt:
Als erstes Tier, das »Real-Tier«, hat sie sich für ein kleines
Kätzchen entschieden. Nun wird ihr die Aufgabe gestellt, sich
selbst als Kätzchen zu beschreiben. Ihre Eigenschaften und
Verhaltensweisen – so wie Marlene sie wahrnimmt:
»Ich bin ein kleines Kätzchen. Alle haben mich lieb. Ich sehe
ganz süß aus, schnurre, wenn ich gestreichelt werde, und bin
sehr verspielt. Ich kann keiner Fliege etwas zuleide tun. Ich bin
sehr verletzlich und angreifbar. Aber ganz einfach süß.«

Als Ideal-Tier hat Marlene ein Nilpferd gewählt. Sie schlüpft
nun in die Rolle eines Nilpferdes und beschreibt sich selbst,
wie sie gerne wäre: »Ich bin ein Nilpferd. Ich bin groß und nicht
hübsch. Ich kann mein Maul ganz weit aufreißen, so dass alle
sich fürchten. Ich bin fett. Ich wirke harmlos, aber ich kann ge-
fährlich sein. Ich habe eine dicke Haut, bin selbstsicher und
kaum angreifbar. Ich bin gerne hässlich.«

Marlenes Beschreibungen sind sehr subjektiv, und das ist gut
so. Sie beschreibt die Tiere jeweils so, wie sie sie subjektiv
wahrnimmt. Ob ein Nilpferd hässlich ist oder nicht, darüber
lässt sich streiten. Hier geht es darum, wie Marlene selbst sich
als Nilpferd fühlt. Und als Nilpferd fühlt sie sich hässlich – will
sie hässlich sein.

Es verwundert zunächst, dass Marlene als Ideal etwas (für sie)
Hässliches gewählt hat. Wenn man jedoch von der Metapher,
also von der Tierebene, wieder zu ihrer persönlichen Geschichte

zurückkommt, wird alles klar: Marlene ist eine besonders hübsche, zurückhaltende, beliebte junge Frau. Sie sehnt sich danach, auch einmal »das Maul aufzureißen«, auch mal hässlich zu sein und weniger um ihren Ruf besorgt zu sein. In der Realität ist sie immer die Brave, Allseitsbeliebte – das kleine Kätzchen. Sie wünschte, sie würde sich mehr trauen, auch selbstsicherer auftreten und den Mut aufbringen, ihre Meinung zu äußern. Das Bild des Nilpferdes hilft ihr, diese Seite vermehrt leben zu können. Beim nächsten Meeting in der Firma traut sie sich plötzlich, ihre Meinung zu sagen – anfangs noch etwas zaghaft, aber immerhin, es ist ein Schritt in die richtige Richtung. Auf ihrer inneren Bühne kann das Kätzchen immer wieder mal nach hinten drängen und dem Nilpferd den Vortritt lassen. Das Bild dieser Tiere hilft ihr in Alltagssituationen, die gewünschten Verhaltensweisen vermehrt zu zeigen, weil sie sich jetzt stärker klarmacht, was sie erreichen will. Ihr Rollen-Repertoire hat sich eindeutig erweitert. Und das wirkt sich äußerst befreiend auf sie aus.

Tiere als Metapher können in konkreten Alltagssituationen oft sehr hilfreich sein: Paul hilft die Vorstellung, ein Löwe zu sein, der auch manchmal losbrüllt. Karin versetzt sich in die Rolle des Delphins, der verspielt ist und freudig durchs Wasser flitzt. Michael will manchmal ein Kater sein, der sich genüsslich aufs Sofa legt und gestreichelt wird. Barbara genießt die Vorstellung, sich wie eine Möwe hoch in die Lüfte zu schwingen und ihre Freiheit zu genießen. Bernhard hat manchmal Lust, eine Schildkröte zu sein und den Kopf einzuziehen.

Die Beschreibung meines tierischen Spektakels
Das Real-Tier

Nun sind Sie an der Reihe, Ihre gewählten Tiere etwas näher unter die Lupe zu nehmen. Versetzen Sie sich in das Tier, das Sie als Erstes gewählt haben, Ihr Real-Tier. Und beschreiben Sie sich selbst ein bisschen. Ihre Eigenschaften, Vorlieben und besonderen Verhaltensweisen. Es kommt dabei nicht auf zoologische Fachkenntnisse an, sondern auf Ihre subjektiven Vorstellungen zu Ihrem Tier: Seien Sie dieses Tier!

Ich bin ein/e _____

Diese Eigenschaften schätze ich besonders an mir:

_____

_____

_____

Wenn Sie die von Ihnen gewählten Tiere beschreiben sollen, kann es sehr leicht sein, dass Ihnen zu Ihren Tieren auch Eigenschaften einfallen, die gar nicht auf Sie zutreffen. Wenn Sie beispielsweise als Ihr Real-Tier den Löwen ausgesucht haben, so haben Sie da möglicherweise das Bild vor Augen, wie der Löwe nach einer üppigen Mahlzeit genüsslich auf dem Rücken liegt und den Halbschatten des Affenbrotbaumes genießt.

Also beschreiben Sie den Löwen: Ich bin sehr genussfähig, gelassen, entspannt und zufrieden. Ich bin ganz im Einklang mit mir und meiner Welt …

Dann fällt Ihnen jedoch ein, dass der Löwe ja auch ein Jäger ist, dass er Wild reißt, was für sein Überleben auch notwendig ist. Dass er sehr brutal sein kann und mitunter auch Menschen anfällt.

Sie können sich nun entscheiden, ob dieser wilde Aspekt des Löwen auch Teil Ihrer Selbstbeschreibung sein soll, ob auch er zu Ihnen passt. Wählen Sie einfach nur die Eigenschaften und Verhaltensweisen aus, die auf Sie persönlich zutreffen.

Das Ideal-Tier

Das Gleiche machen Sie nun bitte mit dem zweiten Tier, das Sie sich ausgesucht haben: dem Ideal-Tier. Dieses Tier hat Eigenschaften, die Sie sich auch wünschen. Es ist ein Vorbild für Sie, von ihm können Sie noch etwas lernen. Schlüpfen Sie nun in die Rolle dieses Tieres und beschreiben Sie sich:

Ich bin ein/e _____

Ich bin bekannt dafür, dass ich

_____

_____

_____

So, wie es im Beispiel von Marlene beschrieben ist, können Sie dieses Tier im Alltag als Metapher nutzen – seine Eigenschaften immer öfter und besser einsetzen. Es kann dafür sehr hilfreich sein, wenn Sie sich ein Bild dieses Tieres aufhängen, es in Ihren Kalender legen oder auf dem Computer als Hintergrundbild haben. Oder Sie besorgen sich im Spielzeuggeschäft ein solches Tier in Kleinformat und stellen es an einen geeigneten Platz, wo Sie immer wieder daran erinnert werden, es auf Ihre innere Bühne einzuladen.

Sie können auch gleich mehrere Tiere auf Ihre innere Bühne holen. Je nach Situation können das ganz verschiedene Tiere und ihre Eigenschaften sein. An Ihrem Arbeitsplatz brauchen Sie vielleicht andere Tiere als zu Hause, in der Familie andere als im Freundeskreis. Experimentieren Sie nach und nach mit unterschiedlichsten Vorstellungen.

Sie können den Tieren auch Namen geben, es können Tiere aus der Roman- und Filmwelt sein, oder Sie erfinden frei Ihre ganz persönlichen Krafttiere.

Ein Kater kann ein Kater Karlo sein oder Garfield. Verspieltheit könnten Sie mit Flipper dem Delphin gewinnen, die Möwe Jonathan könnte Ihnen das Gefühl von Freiheit geben. Oder Sie finden für Ihre persönlichen Tierschauspieler individuelle Namen und verleihen den Figuren dadurch noch mehr Gewicht. Das können Menschennamen sein:

* die Ente Gerda
* der Esel Kurt

oder Phantasienamen:

* der Hund Ichtraumichwas
* die Giraffe Ichhabdenüberblick

Die Namensgebung macht es im Alltag leichter, mit den Tierfiguren zu agieren. Laden Sie z. B. in einer stressigen Situation den Kater Faulpelz aktiv auf Ihre Bühne ein und nutzen Sie seine Gelassenheit. Das kann oft stärker und eindringlicher wirken, als mit einer abstrakten Vorstellung zu arbeiten wie: »Ich hole mir nun Gelassenheit auf meine innere Bühne.« Mit dem Bild des gemütlichen Katers, den nichts aus der Fassung bringt, haben Sie einen Assoziationsraum und Bilder aufgerufen, die mitwirken.

Meine tierischen Unterstützer

Jetzt können Sie noch ein paar Tierfiguren sammeln, die Ihnen dann im Akutfall zur Verfügung stehen. Denken Sie an verschiedenste Situationen, in denen Sie Unterstützung brauchen können – egal, ob beruflich oder privat.

1. herausfordernde Situation:

Beschreiben Sie kurz die Situation:

_____

_____

_____

In dieser Situation wäre es hilfreich, die Eigenschaften des folgenden Tieres zu haben:

_____

Und nun stellen Sie sich vor, dass Sie dieses Tier sind:
Ich bin ein/e

_____

Ich heiße _____

Ich bin üblicherweise _____

_____

Und diese Eigenschaften will ich vermehrt zeigen:

1 _____

2 _____

3 _____

2. herausfordernde Situation:
Beschreiben Sie kurz die Situation:

_____

_____

_____

In dieser Situation wäre es hilfreich, die Eigenschaften des folgenden Tieres zu haben:

_____

Und nun stellen Sie sich vor, dass Sie dieses Tier sind:
Ich bin ein/e

_____

Ich heiße _____

Ich bin üblicherweise _____

_____

Und diese Eigenschaften will ich vermehrt zeigen:

1 _____

2 _____

3 _____

Mit diesem Repertoire können Sie Ihren inneren Zoo immer wieder variieren und je nach Bedarf unterschiedliche Rollen in Ihr Gesamtbild integrieren. Viel Spaß mit Ihrem Zoo!

Erfahrungsgemäß ist die Arbeit mit Tieren als Metapher für manche Menschen extrem hilfreich, andere wiederum können mit diesen Bildern weniger anfangen und finden sie lediglich befremdlich. Wenn Sie zur letzteren Gruppe gehören, so machen Sie sich bitte keinen Stress und suchen sich ganz einfach in den anderen Kapiteln Übungen, die Ihnen mehr liegen.

5. DIE LEBENSFREUDE

Sehr oft höre ich von Klienten und Klientinnen, dass sie das Gefühl haben, das Leben gehe an ihnen vorbei. Sie funktionieren nur noch, gehen im Alltagstrott unter und fühlen sich wie Roboter, die jeden Tag routinemäßig ihre Aufgaben erfüllen. Lebensfreude kommt dabei nicht wirklich auf. Die Gefahr ist groß, dass die Alltagsroutine so viel Zeit und Energie in Anspruch nimmt, dass Spaß und Begeisterung auf der Strecke bleiben.

Deshalb werden wir uns in diesem Kapitel der Lebensfreude widmen. Die Lebensfreude ist wichtig, aber sie ist nicht dringend – oder doch?

Was ist denn nun wichtig und was ist dringend?

Dringende Tätigkeiten üben Zeitdruck aus. Sie drängen nach Erledigung und schummeln sich damit immer wieder vor. Dringende Tätigkeiten sind z.B. einkaufen gehen, Anrufe beantworten, Termine einhalten, kochen und zum Zahnarzt gehen, wenn man Zahnschmerzen hat.

Wichtige Tätigkeiten sind zwar wichtig, haben also einen hohen Wert, lassen sich aber oft leicht aufschieben. Das ist genau das Problem: Oft wird Wichtiges in die Zukunft verschoben, mit der Gefahr, dass es nie umgesetzt wird. Tätigkeiten, die zwar nicht dringend sind, aber wichtig, werden sehr oft vergessen. Das kann Sport machen, ins Museum gehen, Zeit für sich haben oder Freunde treffen sein. Aber auch das Erfüllen uralter Wünsche wie: ein Musikinstrument zu lernen, ein Buch zu schreiben, in einem Chor zu singen oder ein Kunsthandwerk zu erlernen. Das alles lässt sich leicht aufschieben.

Im Alltag drängeln sich die dringenden Erledigungen meist so penetrant vor, dass das Wichtige gar nicht mehr wahrgenommen wird. Das Wichtige ist aber ein ganz wesentlicher Beitrag zur Lebenszufriedenheit.

Hannes

Hannes ist ein vielbeschäftigter Mann. Sein Beruf fordert ihn sehr, in der Freizeit ist er mit Basteleien am Haus beschäftigt, und seinen Kindern will er auch Zeit widmen. Seine uralte Sehnsucht ist das Gitarrespielen. Doch dafür bleibt leider keine Zeit. Alles andere ist – oder scheint – dringender. Das Wichtige – die Gitarre wäre für seine Lebenszufriedenheit ein wichtiger Pfeiler – steht leider auf der To-do-Liste ganz unten. Dieser Wunsch wird immer wieder aufs Neue aufgeschoben.

* Das mach ich, wenn das Haus fertig ist.
* Das mach ich, wenn die Kinder ausgezogen sind.
* Das mach ich, wenn ich in Pension bin.
* Das mach ich, wenn die Enkel in der Schule sind.

Und so geht es immer weiter. Das Gitarrenspiel ist der Wenn-dann-Falle zum Opfer gefallen. Rückblickend hätte es jedoch das Leben von Hannes sehr bereichert. Da hätte er lieber so manches (scheinbar) Dringende sein lassen sollen.
Sind Sie auch schon in die Wenn-dann-Falle getappt, indem Sie Vorhaben immer wieder in die Zukunft verschoben haben?
Kommt Ihnen einer der folgenden Sätze bekannt vor?

* Wenn ich die Ausbildung fertig habe, dann …
* Wenn ich dieses Projekt abgeschlossen habe, dann …
* Wenn ich fünf Kilo abgenommen habe, dann …
* Wenn die Kinder in der Schule sind, dann …

Mag ja sein, dass manches im Leben an eine Bedingung geknüpft ist, aber Vorsicht, dass es Ihnen nicht ergeht wie Hannes, der von einem Wenn ins nächste gestolpert ist und seine Gitarre verstauben ließ. Er hätte statt wenn, dann JETZT sagen sollen. Gilt das auch für einen Ihrer Wenn-dann-Sätze?
Können Sie ein Wenn-dann durch ein Jetzt ersetzen?
Statt zu beschließen: »Wenn die Kinder in die Schule gehen,

dann werde ich einen Italienisch-Kurs machen.« Machen Sie ihn jetzt! Schaufeln Sie sich diese zwei Stunden in der Woche frei und suchen Sie einen Kurs, der Ihnen Spaß macht. Oder Sie beginnen erst einmal zu Hause, für sich Ihre Italienisch-kenntnisse aufzupolieren.

Es gibt ganz tolle Methoden, um Dringendes von Wichtigem zu unterscheiden. Falls Sie mein erstes Buch – *Mein Glücks-Trainings-Buch* – gelesen haben, haben Sie z. B. schon mit der fiktiven Geburtstagsrede Bekanntschaft gemacht.[7]

Was ist wichtig in Ihrem Leben? Diese Frage ist gar nicht so einfach zu beantworten. Manchmal verlieren wir aus den Augen, was wichtig ist. Hier lernen Sie eine Methode kennen, wie Sie mehr Klarheit bekommen können:

Für mich wichtige Lebensbereiche
Wählen Sie bitte die sieben Bereiche aus, die in Ihrem Leben derzeit am wichtigsten sind. Das kann zum Beispiel Arbeit sein, Partnerschaft, Zukunftspläne, Zeit für mich, Spiritualität, Freunde, Hobby, Ausbildung, Fitness, ein Projekt, Familie, Geld, Wohnung …
Welche Themen sind zurzeit am wichtigsten für Sie?

1. _____

2. _____

3. _____

4. _____

5. _____

6. _____

7. _____

Iris

Iris ist 32 Jahre alt und arbeitet in einer Werbeagentur. Sie liebt ihren Job und ist auch sehr erfolgreich, sie verdient sehr gut. Seit sieben Jahren hat sie einen Freund, mit dem sie sehr glücklich ist. In letzter Zeit hat sich jedoch ein wenig Unzufriedenheit in ihr Leben eingeschlichen. Da will sie gegensteuern. Der Lebensstern ist ein gutes Instrument, um zu erkennen, wo man ansetzen kann.

Die sieben Lebensbereiche, die Iris derzeit am wichtigsten sind, sind folgende:

1. Job
2. Partnerschaft
3. Wohnen
4. Zeit für mich
5. Familie
6. Freunde
7. Yoga

Diese sieben Bereiche trägt sie in ihren Lebensstern ein. D.h., jeder Lebensbereich entspricht einem Zacken:

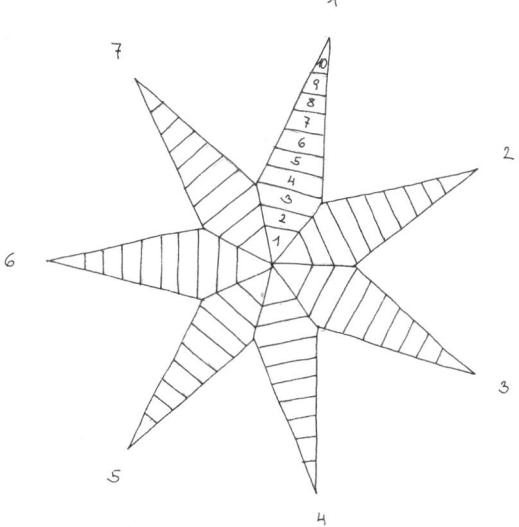

Nun bewertet sie, wie zufrieden sie mit den einzelnen Bereichen ist. Sie verteilt an jedes der sieben Lebensthemen zwischen 0 und 10 Punkte. 0 steht für totale Unzufriedenheit, und ein Bereich erhält 10 Punkte, wenn er ihrer Meinung nach optimal läuft.

Job 8
Partnerschaft 8
Wohnen 6
Zeit für mich 1
Familie 5
Freunde 4
Yoga 2

Auch diese Werte trägt Iris in ihren Lebensstern ein und malt den jeweiligen Strahl länger oder kürzer, je nachdem, wie viele Punkte sie einem Bereich gegeben hat.

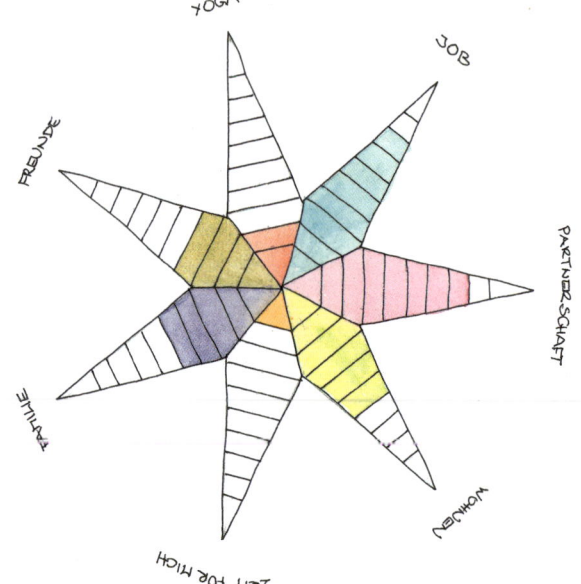

Nun ist ganz deutlich zu sehen, welche Bereiche bei ihr zu kurz kommen und im Alltag offensichtlich auf der Strecke bleiben. Das Gute ist, dass auch sichtbar ist, was sehr wohl gut funktioniert und mit welchen Bereichen sie zufrieden ist.

Iris wählt einen Bereich aus, in dem sie etwas verbessern will. Sie entscheidet sich für Yoga. Sie geht zwar alle zwei Wochen ins Yoga, aber ihr Anspruch wäre, regelmäßig zu Hause zu üben. Sie nimmt sich also vor, zu Hause zweimal die Woche zehn Minuten Yoga zu machen. Sie hat ein geringes und realistisches Ziel gewählt, damit es auch wirklich umsetzbar ist. Sie hat damit ihre Yoga-Zufriedenheit von 2 auf 3 erhöht – 10 Punkte würde sie vergeben, wenn sie täglich 30 Minuten Yoga machen könnte. Gleich darauf zuzusteuern ist unrealistisch und frustrierend, wenn es nicht erreicht wird.

Mein Lebensstern

Schreiben Sie nun die sieben Begriffe, die Sie für sich ge-
wählt haben, um den Stern herum, so dass jeder Strahl ei-
nen Namen bekommt.

Mit Ihren sieben ausgewählten Lebensbereichen sind Sie
wahrscheinlich so wie Iris unterschiedlich zufrieden. Sie kön-
nen nun auch die Strahlen ausmalen, je nachdem, wie zu-
frieden Sie mit dem Bereich sind. Wenn Sie bei einem Thema
absolut zufrieden sind, malen Sie den ganzen Strahl aus (10
Punkte von 10).

*Nun haben Sie einen schönen Überblick darüber, in welchem
Bereich Ihre Zufriedenheit hoch ist, wo sie mittelmäßig ist
und wo noch Nachholbedarf besteht.*

Wenn Sie in allen Bereichen nur sehr wenige Punkte haben, so
kann das mehrere Ursachen haben.
Es kann sein, dass Sie sehr kritisch sind und sehr streng mit
sich oder dass Sie sehr hohe – vielleicht zu hohe – Erwartungen
an Ihr Leben haben.
Oder aber Ihre Einschätzungen sind zu streng und pessimis-
tisch – dann laden Sie doch mal Ihren inneren Optimisten ein
und lassen Sie ihn diese Übung machen.

Mein Vorhaben

*Das Wichtige ist nun, dass Sie sich im weiteren Vorgehen
nicht überfordern. Nehmen Sie einen Schritt nach dem anderen in Angriff. Auch wenn man den Mount Everest bestei-
gen will, macht man einen Schritt nach dem anderen.
Suchen Sie sich einen Bereich aus, in dem Sie mit einer
Veränderung beginnen wollen. Und überlegen Sie sich ganz
konkrete Schritte, wie Sie in diesem Bereich den nächsten
Ring erreichen können.
Wenn Sie also in einem Bereich 4 Punkte haben, so überlegen Sie, wie Sie auf 5 Punkte kommen können, oder auf 4,5,
aber machen Sie sich nicht unnötig Druck, indem Sie gleich
auf die 10 lossteuern. Schritt für Schritt mit kleinen
Veränderungen. Kleine Veränderungen haben manchmal
große Wirkung.*

Diesen Bereich wähle ich aus:

_____

_____

Meine Maßnahme, um in diesem Bereich meine
Zufriedenheit zu erhöhen (nicht vergessen: kleine, realisti-
sche Veränderungen!):

_____

_____

_____

_____

Noch mehr Lebensfreude

Es gibt auch Tätigkeiten, die überhaupt nicht dringend sind und auf den ersten Blick auch nicht wichtig erscheinen, aber aus der Perspektive eines lebenserfahrenen Menschen plötzlich unheimlich an Wichtigkeit gewinnen.

Ein Poet in hohem Alter – seine Lebenserfahrung hatte ihn schon sehr weise gemacht – verfasste eine sehr bewegende und animierende Rede an die Menschheit:

Wenn ich mein Leben noch einmal leben könnte,
im nächsten Leben würde ich versuchen, mehr Fehler zu
  machen.

Ich würde nicht so perfekt sein wollen,
ich würde mich mehr entspannen.
Ich wäre ein bisschen verrückter, als ich es gewesen bin,
ich würde viel weniger Dinge so ernst nehmen.
Ich würde nicht so gesund leben.
Ich würde mehr riskieren,
würde mehr reisen,
Sonnenuntergänge betrachten,
mehr Bergsteigen,
mehr in Flüssen schwimmen.

Ich war einer dieser klugen Menschen,
die jede Minute ihres Lebens fruchtbar verbrachten;
freilich hatte ich auch Momente der Freude,
aber wenn ich noch einmal anfangen könnte,
würde ich versuchen, nur mehr gute Augenblicke zu haben.

Falls du es noch nicht weißt,
aus diesen besteht nämlich das Leben;
nur aus Augenblicken;
vergiss nicht den jetzigen.

Wenn ich noch einmal leben könnte,
würde ich von Frühlingsbeginn an
bis in den Spätherbst hinein barfuß gehen.
Und ich würde mehr mit Kindern spielen,
wenn ich das Leben noch vor mir hätte.

Aber sehen Sie ... ich bin 85 Jahre alt
und weiß, dass ich bald sterben werde.

Die folgende Übung wird Ihnen zeigen, warum ich dieses Gedicht gewählt habe:

Noch mehr Lebensfreude – Übung 1

Versetzen Sie sich einmal in die Lage eines sehr, sehr alten Menschen. Durch Ihr hohes Alter haben Sie naturgemäß schon sehr viel Lebenserfahrung.
Mit dieser Lebensweisheit können Sie jungen, unerfahrenen Menschen zur Seite stehen. Und nun stellen Sie sich vor, Ihr Urenkel (oder der Urenkel Ihrer Nachbarin) kommt zu Besuch und fragt Sie: »Wenn du noch einmal zu leben hättest, was würdest du da öfter machen?« Sie werden sehen, wenn Sie sich damit beschäftigen, werden Ihnen tausend Sachen einfallen, die Sie viel öfter hätten machen sollen –

*Tätigkeiten, die Ihnen wesentlich mehr Lebensfreude ge-
bracht hätten als das, was Sie tatsächlich getan haben. Ihre
Antwort könnte lauten: »Wenn ich noch einmal zu leben
hätte, dann würde ich viel mehr*
* *lachen*
* *barfuß laufen*
* *Sonnenuntergänge betrachten*
* *mit Kindern spielen*
* *Freunde einladen*
* *Unsinn machen*
* *Eis essen*
* *Seifenblasen machen*
* *durch die Gegend hüpfen*
* *Freunden sagen, dass ich sie mag*
* *Freudensprünge machen«*

*Und nun schreiben Sie Ihre eigene Liste, die Sie dem neugie-
rigen Urenkel weitergeben wollen. Was fällt Ihnen dazu ein?
Welche Tätigkeiten, die Ihre Lebensfreude wecken, kommen
in Ihrem Leben zu kurz oder gar nicht vor?*

*Wenn ich noch einmal zu leben hätte, dann würde ich viel
öfter*

* _____

* _____

* _____

Sie können diese Liste in den nächsten Tagen noch erweitern. Sie werden sehen, da fällt Ihnen immer wieder etwas Neues, Feines dazu ein. Und am besten ist es natürlich, wenn Sie die eine oder andere Idee auch schon umsetzen. Das ist ja Sinn und Zweck der Sache. Diese Tätigkeit in die Gegenwart zu holen, statt sich in der Zukunft über das Versäumnis zu grämen. Sehr oft sind das Dinge, die auf der Strecke blieben, weil man »keine Zeit« dafür hat. Oder weil man so sehr im Alltagstrott steckt, dass man das Leichte, Lustige, Fröhliche, den Spaß ganz einfach vergisst. Oder sie bleiben auf der Strecke, weil sie scheinbar »sinnlos« sind. Das sind sie aber keinesfalls. Wenn etwas die Lebensfreude steigert, so kann es doch nicht sinnlos sein! Vielleicht können Sie sich bei Ihren Überlegungen auch von Pippi Langstrumpf inspirieren lassen, sie macht so gerne »Sinnloses«, was ganz einfach anders, komisch, absurd und lustvoll ist. Erinnern Sie sich an das Lied von Pippilotta Viktualia Rollgardina Pfefferminz Efraimstochter Langstrumpf:

2 × 3 macht 4
Widdewiddewitt und Drei macht Neune!!
Ich mach' mir die Welt
Widdewidde wie sie mir gefällt …

Pippi oder der weise, alte Mensch, der diese Liste geschrieben hat, können immer öfter Ihre inneren Coachs werden und Sie an den Spaß im Leben erinnern. Sie können sich Ihren inneren Weisen oder auch Pippi Langstrumpf auf Ihre Bühne holen und deren Weisheit im Alltag nutzen. Da kommt Lebensfreude auf!

Sie haben nun Ideen gesammelt, was Sie öfter tun können und wollen, um mehr Freude am Leben zu haben. Nun können Sie den Spieß auch noch umdrehen. Was sollten Sie in Ihrem Leben weniger tun?

Noch mehr Lebensfreude – Übung 2

Stellen Sie sich wieder den neugierigen Urenkel vor, der noch einmal zu Besuch kommt. Was Sie ihm das letzte Mal erzählt haben, hat ihm sehr gefallen, und es ist ihm eine neue Frage eingefallen: »Was würdest du denn weniger oft machen?«

Ihre Antwort könnte lauten: »Wenn ich noch einmal zu leben hätte, dann würde ich viel weniger

* *grantig sein*
* *fernsehen*
* *mir Sorgen machen*
* *mich selbst kritisieren*
* *putzen*
* *streiten*
* *...«*

Wie würde Ihre Antwort ausfallen?
Wenn ich noch einmal zu leben hätte, dann würde ich viel weniger

* _____

* _____

*   _____

*   _____

*   _____

*   _____

*   _____

*   _____

*   _____

Hier haben sich vielleicht verschiedene Dinge gemischt: Es sind einerseits Tätigkeiten, die die Zeitqualität mindern wie z. B. grantig sein oder sich Sorgen machen, und andererseits Tätigkeiten, die Zeitdiebe sind.

Beides gilt es zu verringern. Um Ihre Zeitqualität zu verbessern und um Ihnen mehr Zeit zu verschaffen. Sie können ja versuchen, Dinge aus der zweiten Liste gegen Tätigkeiten aus der ersten Liste auszutauschen.

Bei mir würde das so aussehen:

*   statt fernsehen lieber durch die Gegend hüpfen
*   statt putzen lieber Unsinn machen ☺
*   statt streiten lieber Seifenblasen machen

Das klingt teilweise absurd oder banal, kann Ihnen aber durchaus auf die Sprünge helfen, damit Sie sich mehr Zeit nehmen für Lustvolles und Lebendiges.

Ich tausche
Welche Tätigkeit aus der 1. Liste wollen Sie gegen eine Tätigkeit aus der 2. Liste eintauschen?

Statt _____ *lieber* _____

Statt _____ *lieber* _____

Statt _____ *lieber* _____

Statt _____ *lieber* _____

Klingt verlockend, oder? Ich schlage Ihnen vor, dass Sie nun, statt weiterzulesen, etwas aus der ersten Liste auswählen und es JETZT machen – statt in die Wenn-dann-Falle zu tappen.

Statt weiterlesen lieber

_____

_____

Viel Spaß dabei! Den haben Sie sich verdient.

6. DIE ZEITPROFIS

Ich habe immer Zeit.

Na, wie klingt dieser Satz für Sie? Utopisch? Phantastisch? Realistisch? Himmlisch?

Überlegen Sie einmal: In Wirklichkeit haben Sie immer Zeit. Die Zeit gehört Ihnen. 24 Stunden am Tag. Täglich.

Ihre Zeit ist Ihr Leben!

Es ist also an der Zeit, das Thema Zeit etwas näher unter die Lupe zu nehmen und so einen neuen Zugang zu diesem Phänomen zu finden.

Zeit ist Geld, aber Geld ist nicht Zeit!

In meinen Seminaren, in denen es um das Thema Glück geht, erzählen mir Teilnehmer sehr oft, dass sie zu wenig Zeit haben. Und dass sie glauben, wenn sie mehr Zeit für sich hätten, wären sie auch glücklicher.

Das Thema Zeit wird immer brisanter, weil in unserer subjektiven Wahrnehmung Zeit immer knapper wird und der Mensch dabei auf der Strecke bleibt.

Zeit ist Geld. Oder: Zeit ist Leben. Sie haben die Wahl!

Alles wird schneller, jeder hat immer noch mehr zu tun, jeder hat immer weniger Zeit, jeder hat immer mehr Stress. Stress zu haben ist sozial sehr anerkannt. In Eile zu sein, keine Zeit zu haben, wird sehr oft mit Erfolg gleichgesetzt. »Der ist so tüchtig, der hat so viel zu tun, der hat keine Zeit.« Handy, Laptop, Blackberry, 24 Stunden erreichbar, unentbehrlich, erfolgreich! Und: absurd.

Also ich würde Erfolg jedenfalls anders definieren. In unserer Gesellschaft braucht es wohl noch ein wenig Zeit zum Umdenken.

Zeit ist kein Luxus, Zeit ist unser Leben!
Lassen Sie sich diesen Satz einmal auf der Zunge zergehen: »Zeit ist Leben.« Wenn ich also sage: »Ich habe keine Zeit«, dann heißt das konsequenterweise: »Ich habe kein Leben.« Klingt radikal, aber es hilft, dem Thema Zeit die Wertigkeit zu geben, die ihm zusteht.

Ihr subjektives Zeitempfinden können Sie sich auch mit Hilfe Ihrer inneren Bühne bewusster machen und dann aktiv gestalten. Spielen Stress und Hektik auf Ihrer Bühne die Hauptrolle? Oder hat die Gelassenheit auch eine wichtige Rolle? Wenn nicht, so können Sie diese aktiv auf Ihre Bühne holen. Sie sind ja hier der Chef! Heute habe ich für Sie ein Vorsprechen organisiert. Sie werden einige Figuren kennenlernen, die wahre Zeitprofis sind.

Vorsprechen der Zeitprofis

Um mehr Zeitsouveränität zu erlangen, können Sie auf Ihrer inneren Bühne Zeitprofis engagieren. Einen haben Sie schon im vorigen Kapitel kennengelernt: die *Lebensfreude* (Seite 95, Übung 1: Lebensweisheit). Sie hat Ihnen erklärt, worauf es ankommt im Leben. Und was nicht zu kurz kommen sollte.

Beim heutigen Vorsprechen lernen Sie noch sieben weitere Figuren kennen, die Ihnen im Alltag helfen, des Themas Zeit Herr zu werden. Nehmen Sie ganz einfach im Zuschauerraum Platz und lassen Sie sich überraschen, was sie zu bieten haben.

1. Die Lebensfreude

Wir kennen uns schon. Im letzten Kapitel haben Sie sich schon erfolgreich damit beschäftigt, was Sie in Ihrem Leben öfter machen sollten und was Sie eher weniger tun wollen. Ich bin eine sehr wichtige Figur, damit Sie nicht vergessen, das Leben auch zu genießen. Sehr gerne komme ich immer wieder in Ihr Theater, um Sie an Ihre Vorhaben zu erinnern.

2. Der Mexikaner

Zeitwahrnehmung, Tempo und Pünktlichkeit sind sehr kulturabhängig. Robert Levine, ein Zeitforscher, hat in 31 Ländern der Welt das Lebenstempo erfasst.[8] So hat er beispielsweise die durchschnittliche Gehgeschwindigkeit in Innenstädten gemessen, gestoppt, wie lange es dauert, eine Briefmarke zu kaufen, oder auch die Genauigkeit öffentlicher Uhren überprüft. Von 31 untersuchten Ländern ist Mexiko an letzter Stelle gelandet, als langsamstes Land. Aus diesem Grund haben wir zu diesem Casting einen Mexikaner eingeladen. Er repräsentiert Geduld, Zeitlosigkeit und innere Ruhe, Eigenschaften, die für Europäer oft nicht nachvollziehbar sind. Das Wort »Zeitverschwendung« gibt es für ihn nicht. Diese Einleitung ist deswegen so lang, weil wir ein Problem haben: Der Mexikaner hat sich verspätet, wir werden seinen Auftritt also verschieben und hoffen, dass er noch rechtzeitig vor Ende des Vorsprechens kommt.

3. Der Zeitmillionär

Die wichtigste Eigenschaft des Zeitmillionärs: Er hat unendlich viel Zeit. Und er ist auch sehr stolz darauf. Er stolziert über die Bühne und sagt immer wieder: »Ich habe Zeit – sehr viel Zeit.« Und er verschafft sich Gehör bei den anderen. Er nimmt sich den Raum, den er für seine Zeit braucht.

Der Zeitmillionär betritt also nun die Bühne.

Ich bin der Zeitmillionär. Ich habe unendlich viel Zeit. Meine Zeit. Meine Zeit gehört mir. Ich möchte immer wieder auf Ihre Bühne kommen und klarmachen, dass wir Zeit haben, dass wir uns nicht hetzen müssen, dass es an einem selbst liegt, sich Zeit zu nehmen, und dass kein Grund für Hektik besteht. Wenn Sie mich engagieren, so habe ich nur einen einzigen Satz zu

sagen. Wie dieser Satz jedoch lautet, das entscheiden Sie. Ich habe einige Sätze zur Auswahl mitgebracht, die erfahrungsgemäß sehr wirksam sind, um zur Ruhe zu kommen, um Zeit zu schaffen.
Lassen Sie diese Sätze einmal einzeln auf sich wirken und suchen Sie sich dann Ihren Favoriten aus. Diese Sätze werden naturgemäß sehr langsam gesprochen:

Ich habe Zeit.
Ich habe Zeit – sehr viel Zeit.
Ich habe Zeit für mich.
Ich nehme mir Zeit.
Ich nehme mir Zeit für mich.
Meine Zeit ist mein Leben.
Ich bin Herr meiner Zeit.
In der Ruhe liegt die Kraft.
Ich bin Frau meiner Zeit.
Meine Zeit gehört mir.
Ich habe immer Zeit.

Nehmen Sie sich Zeit, einen dieser Sätze auszuwählen, ich komme dann bei Bedarf jederzeit gerne auf Ihre innere Bühne und sorge für Zeit.

Diese Figur muss ja nicht unbedingt Zeitmillionär heißen, Sie können auch einen anderen Namen auswählen. Hier ein paar Vorschläge:

Mein Zeitmillionär

Wählen Sie aus, wie Ihr Zeitmillionär heißen soll. Das ist die Figur, die mit ihrem Auftritt auf Ihrer Bühne Zeit schafft.
Zum Beispiel:

* *Zeitmillionär*
* *Herr Zeit/Frau Zeit*
* *ZeithaberIn*
* *Zeitfee*
* *Chronos*

Mein Zeitmillionär heißt: _____

Und nun suchen Sie sich aus, welcher Satz des Zeitmillionärs Ihnen am besten gefallen hat. Vielleicht haben Sie auch einen eigenen zeitschaffenden Satz. Dieser Satz bewirkt, dass sich auf Ihrer inneren Bühne unmittelbar das Gefühl einstellt, Zeit zu haben.
Welchen Satz haben Sie dafür ausgewählt?

_____

_____

_____

Experimentieren Sie nun mit diesem Satz. Wenn Sie spazieren gehen, sagen Sie sich diesen Satz wie ein Mantra immer wieder vor.

Ihr persönlicher Zeitmillionär – oder wie er nun heißen mag – versorgt Sie mit Zeit. Das mag für Sie vielleicht utopisch klingen, aber je öfter Sie ihn einladen, umso mehr Zeit werden Sie für sich haben. Lassen Sie ihn immer wieder auf Ihre Bühne, erst dann kann er seine wahre Stärke entfalten und Ihr Zeitempfinden dauerhaft verändern.

Mein persönlicher Zeitmillionär flüstert mir immer wieder ins Ohr: »Ich habe immer Zeit.« Und ich kann Ihnen gar nicht sagen, wie herrlich sich das für mich anhört und anfühlt. Ich liebe ihn, und ich lade ihn sehr oft auf meine Bühne ein. Das ist wie Seelenbalsam für mich. Sobald es auf meiner Bühne unnötigerweise turbulent wird, hat er seinen Auftritt. Sofort kehrt Ruhe ein, und die Welt sieht gleich ein bisschen anders aus. Wenn das bei Ihnen nicht gleich so gut wirkt, dann halten Sie sich an die Methode »Fake it until it's real« – also so zu tun, als ob, bis es wirklich so ist. Sie werden sehen, mit ein bisschen Geduld wird auch Ihr Zeitmillionär in seinem Wirken erfolgreich sein. Und es ist herrlich!

4. Das JETZT

Sehr oft gerät man in Stress und unter Zeitdruck, wenn die Zukunft zu aufdringlich wird. Wenn Gedanken um Zukünftiges ständig auf die Bühne stürzen und für Unruhe sorgen: »Vergiss nicht, den Arzttermin zu vereinbaren. Heute Abend haben wir Besuch, was soll ich da kochen? Was muss ich da noch einkaufen? Was hab ich denn das letzte Mal gekocht? Ach ja, die Kinder rechtzeitig vom Basketball abholen. Und Andrea hat heute Geburtstag, die muss ich unbedingt noch anrufen! Wann sind wir dort eingeladen? Ah, das Auto sollte ich bald aus der

Werkstatt abholen …« So kann es gehen, das Hirn plappert und plappert, auf der Bühne ist ein Getümmel von Gedanken, und in der Gegenwart geht gar nichts weiter, weil man nur noch denkt: Das geht sich ja soundso alles nicht aus.

In diesem Fall ist es sehr hilfreich, das JETZT auf die Bühne einzuladen. Das JETZT sorgt dafür, dass die Zukunft von der Bühne verschwindet und der Fokus auf das gelenkt wird, was in der Gegenwart geschieht. Das JETZT jagt die Gedanken nicht einfach nur von der Bühne, das gelingt nicht so einfach, dann schleichen sie sich unauffällig wieder ein. Vielmehr bekommt die Zukunft ihren Raum zugesichert. Aber: eben in der Zukunft! Das ist der Trick.

Heute habe ich selbst schon das JETZT auf meine Bühne eingeladen. Das kam so:

Ich gestehe: Ich schreibe dieses Buch unter Zeitdruck. Ich hab mir einen ziemlich straffen Zeitplan gemacht, um den Text rechtzeitig abgeben zu können. Und heute Morgen möchte ich auch noch mein Pensum erfüllen. Es ist acht Uhr in der Früh, und um zwölf Uhr habe ich einen Termin. Ich bin noch zu Hause und will vorher noch dieses Kapitel – das JETZT – fertigstellen. Na ja, dann noch die Frage: Was soll ich anziehen? Und selbstverständlich läutet auch das Telefon – nicht nur einmal. Dazwischen die Stimme: Nicht zu spät kommen! Und wie soll ich denn dorthin kommen? Mit dem Auto oder mit der Straßenbahn? Da muss ich noch auf dem Stadtplan nachsehen …

Wenn das alles nun auf der Bühne zu Turbulenzen führt, so läuten bei mir die Alarmglocken, ich sage kurz STOPP!, und lade das JETZT auf meine Bühne ein: JETZT!

Alle anderen Figuren verstummen erst mal. Und ich kann tief durchatmen: JETZT! Und nun sehe ich mich um auf meiner Bühne, wer da alles herumsteht und Krach macht:

Die *Buchautorin:* Du solltest dich unbedingt an den Zeitplan halten, heute ist das Kapitel JETZT noch zu erledigen.

Die *Ich-habe-einen-Gesprächstermin:* Da darfst du nicht zu spät kommen! Das ist ein wichtiges Gespräch.

Die *Was-soll-ich-anziehen:* Was soll ich heute anziehen? Business oder eher casual?

Die *Das-Telefon-läutet-geh-ran:* Hallo! Telefon! Vielleicht ist's etwas Dringendes!

Die *Auto-oder-Straßenbahn:* Wie soll ich denn zu dem Gesprächstermin kommen? Wo ist denn das überhaupt genau?

Die *Das-Telefon-läutet-geh-ran* wird jetzt mal auf später vertröstet. Bis Mittag wird das Handy abgeschaltet. Es sorgt unnötig für Unruhe und bekommt nach dem Gesprächstermin Aufmerksamkeit.

Diese Figur bin ich relativ rasch losgeworden, die kommt am Nachmittag dran.

Der *Auto-oder-Straßenbahn* wird auch Gehör geschenkt. Ich sehe auf dem Stadtplan nach und entscheide, dass es Sinn macht, mit der U-Bahn dorthin zu fahren. Da brauche ich maximal eine halbe Stunde, das geht sich sehr fein aus. Es genügt also, wenn ich um 11.15 Uhr hier weggehe.

Die *Ich-habe-einen-Gesprächstermin:* »Da darfst du nicht zu spät kommen! Wer weiß, ob du dort gleich hinfindest!« Ja, stimmt, da sollte ich auf Nummer sicher gehen. Also werde ich eben schon um elf aus dem Haus gehen. Dann kann ich ganz leicht bis 10.30 Uhr schreiben, mich in Ruhe umziehen und dann starten. Ich stelle mir gleich den Wecker auf 10.30 Uhr, damit ich bis dahin den Kopf frei habe. Mit diesem Versprechen ist die Ich-habe-einen-Gesprächstermin-Stimme einverstanden und zieht sich zurück. Sie weiß, ihr Auftritt beginnt um 10.30 Uhr.

Die *Was-soll-ich-anziehen* geht gleich mit, sie hat auch noch Wartezeit bis zu ihrem Auftritt um halb elf, das sieht sie ein.

Die *Buchautorin:* Sie ist im Moment die Hauptfigur. Ihr wird das JETZT zur Seite gestellt, nachdem es auf der Bühne für Ordnung gesorgt hat.

Ich stelle mir also einen Wecker für 10.30 Uhr, dann kommen die vertrösteten Figuren dran.

So, jetzt ist Friede eingekehrt. Die *Buchautorin* ist alleine mit dem JETZT auf der Bühne.

Durch den Wecker sind die Stimmen aus der Zukunft zufriedengestellt und warten hinter der Bühne, brauchen sich nicht zu sorgen und nicht vorzudrängen, sie wissen, ihr Auftritt kommt bald. Die Stimmen aus der Zukunft wurden in die Zukunft geschoben, der Wecker sorgt dafür, dass ich in der Gegenwart nicht mehr daran denken muss, sondern rechtzeitig erinnert werde, mich um die zukünftigen Anliegen zu kümmern. Und ich kann mich auf das Jetzige konzentrieren. Das Schreiben geht konzentrierter, entspannter, mit einer inneren Ruhe – ich bin voll bei der Sache.

Danke, JETZT! Ich bin schon fertig mit dem Kapitel, aber ich habe noch Zeit zur Verfügung. Hm … Da fällt mir noch etwas zum JETZT ein:

Das JETZT ist auch eine sehr gute Voraussetzung für Genuss. Genuss entsteht durch eine angenehme Empfindung in der Gegenwart. Wenn ich jedoch gedanklich in der Zukunft bin, hat es der Genuss sehr schwer. Wenn ich beispielsweise einen Kaffee trinke und gleichzeitig an meine Steuererklärung denke, so ist der Kaffeegenuss – also zumindest bei mir – automatisch gemindert.

Bin ich jedoch mit der Aufmerksamkeit im Hier und Jetzt – ist das JETZT auf meiner Bühne –, so sind meine Sinne geweckt, und der Kaffee wird zum Hochgenuss. Auch das Vogelgezwitscher nehme ich nur wahr, wenn ich im Jetzt bin. Ebenso das Rauschen des Windes. Das JETZT kann Ihnen ein guter Genusscoach sein.

Die Bäuerin, bei der wir gerne Sommerfrische machen, wirkt auf mich immer bewundernswert zufrieden und gelassen. Eines Tages fragte ich sie, ob sie glücklich sei.

»Ja sicher«, war ihre Antwort.

»Und was ist das Geheimnis Ihres Glücks?«, wollte ich wissen.

»Ich mache immer das, was ich gerade mache. Und ich denke nicht dauernd darüber nach, was nachher kommt. Wenn ich hier mit Ihnen sitze, dann sitze ich ganz einfach hier.«

»Das mache ich doch auch«, wandte ich ein.

»Aber die meisten Menschen sind in Gedanken immer woanders – irgendwo, nur nicht hier –, das beobachte ich jeden Tag. Wenn die Gäste beim Frühstück sitzen, reden sie schon über den nächsten Ausflug, wenn sie den Berg hinaufgehen, denken sie schon an das Gipfelkreuz. Und wenn sie nach der Wanderung wieder hier sitzen und essen, dann planen sie den morgigen Ausflug.« Heute hat mir die Erinnerung an diese Bäuerin wieder einmal geholfen: Wenn ich schreibe, dann schreibe ich – und beschäftige mich nicht mit dem, was danach passiert.

Wie wäre es, wenn Sie Ihr JETZT gleich einladen und ihm für fünf Minuten die Bühne überlassen?

Mein Jetzt

Gönnen Sie sich 5 Minuten JETZT. Und zwar jetzt. Sie können dabei die Augen schließen und Ihren Atem beobachten, oder Sie gehen die einzelnen Sinne durch, sind im Hier und Jetzt und schaffen damit die beste Voraussetzung für Genuss:

Was sehen Sie?

_____

Was noch?

_____

Was hören Sie? _____

Wie riecht es hier?

_____

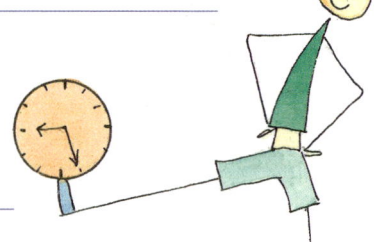

Schmecken Sie auch etwas?

_____

Und was fühlen Sie auf Ihrer Haut? Wie ist die Temperatur?

_____

5. Die Körperzeit

Sie kennen das: Wenn man es eilig hat, wird man immer schneller. Und glaubt, dass man dann auch schneller fertig ist. Aber leider wird man dann meist auch schusseliger, fehleranfälliger, unruhig, und vor allem schleicht sich ein unangenehmes Gefühl ein: die Hektik. Um das zu vermeiden, können Sie mich engagieren. Ich sorge für Entspannung und fange mit dem Körper an.

Als Erstes werde ich Sie bitten, sich in dieser stressigen Situation auf Ihre Atmung zu konzentrieren.

Und tief ein- und auszuatmen. Drei, vier tiefe Atemzüge wirken meist schon Wunder.

Da können wir uns zunutze machen, dass Körper und Seele so eng verknüpft sind. Wenn im Körper etwas verändert wird – also z. B. die Atmung verlangsamt –, zieht sich die Hektik gleich beschämt zurück. Die Hektik kann nur bei Kurzatmigkeit überleben. Bei ruhiger Atmung flieht sie wie Graf Dracula bei Knoblauchgeruch.

Manchmal merken die Menschen gar nicht, wie sehr sie durch die Gegend rasen. Wie sie getrieben sind, von einer Unruhe, die sich täglich aufbaut und gar nicht mehr bewusst wahrgenommen wird. Und dort komme ich zum Einsatz. Ganz einfach. Nur mit der Idee, mit dem Vorschlag, einmal langsamer nach Hause zu gehen, sich langsamer zu bewegen und als Gegenpol kurz einmal auf Zeitlupe umzuschalten. Dieser Slow-Motion-Modus hilft, dann in einem nächsten Schritt ein angemessenes, ruhiges und vor allem angenehmes Tempo zu finden. Wir brauchen nicht so durch das Leben zu rasen. Genießen wir es doch lieber.

Stefan

Stefan ist ein klassischer Burn-out-Kandidat. Besser gesagt: Er war es. Stefan ist 47 Jahre alt, Teamleiter in einer Werbeagentur, und er arbeitet in der Woche durchschnittlich 70 Stunden. Oft nimmt er sich noch Arbeit mit nach Hause. Seine Arbeit macht ihm auch wirklich Spaß, und er ist sehr erfolgreich. Das war auch die Falle an der Geschichte: Der Leidensdruck fehlte – und

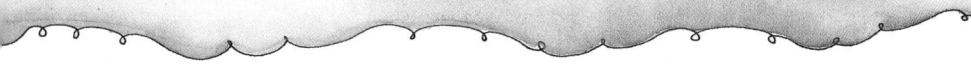

somit auch die Einsicht, dass seine Gesundheit auf Dauer ge-
fährdet ist.

Seine Schlafstörungen machten ihm jedoch zusehends zu
schaffen, und – zum Glück ist der Körper schlau und meldet
sich – er bekam auch immer öfter Kopfschmerzen. So kam
Stefan auf die Idee, sich psychologisch beraten zu lassen. Was
mir an ihm als Erstes auffiel, war sein unglaublich hohes Tempo.
Bei allem, was er tat. Wie er sich den Mantel auszog, ihn auf-
hängte, wie er Platz nahm und sofort viel erzählte – schnell
natürlich. Sogar das Tee-Umrühren war mit Turboantrieb. Nach
sehr ausführlichen und aufschlussreichen Gesprächen habe ich
ihm, unabhängig von sonstigen Inhalten des Gesprächs, eine
Hausaufgabe mitgegeben:

Er solle jeden Tag beim Nachhausegehen ganz bewusst auf
sein Tempo achten, es ganz einfach einmal wahrnehmen und
dann verlangsamen. Ganz bewusst langsamer gehen. Und beobachten, wie sich das auswirkt. Jeden Tag sollte er das machen.

Nach einer Woche fragte ich ihn nach den Auswirkungen und
Beobachtungen bezüglich seines Nachhausegeh-Tempos. Und
er sagte, er habe es ausprobiert, aber er könne es nicht tun. Er
könne nicht langsamer gehen. Es mache ihn ganz kribbelig, so
langsam zu gehen. Da werde er noch unruhiger.

Also haben wir uns die innere Bühne dazu angesehen: Die
Hauptfigur war die Hektik. Die hat er von der Arbeit mitgenom-
men. Sie schien seine ständige Begleiterin geworden zu sein.
Und was ist der Todfeind von Hektik? Genau: die ruhige Atmung.
Also hat er seine Bühne umgebaut: Als konkrete Situation hat

er den Moment ausgewählt, wo er aus der U-Bahn aussteigt und mit der Rolltreppe hochfährt. Da lädt er die Körperzeit ein und atmet dreimal tief ein und wieder aus.

Wie gesagt: Langsame Atmung vertreibt Hektik. Und das nimmt er nun ganz bewusst wahr. Dann hat er sich als Verstärkung noch den Zeitmillionär engagiert, der ihm immer wieder sagt: »Ich nehme mir ausreichend Zeit.« Wie ein Mantra. Und dann geht er gemächlich nach Hause. Das haben wir im Trockentraining ausprobiert, dann hat er es im Alltag angewandt und mir in der nächsten Sitzung ganz begeistert erzählt, dass es funktioniert habe. Dass er sich niemals hätte vorstellen können, dass etwas so Einfaches so eine starke Wirkung haben könnte.

Statt sieben Minuten brauchte er nun zehn Minuten für den Heimweg. Er musste also nur drei Minuten »investieren«, um wesentlich entspannter nach Hause zu kommen. Nach und nach machte er die Beobachtung, dass dann mitunter diese Langsamkeit auf der Bühne blieb. Mittlerweile genießt er es! Er experimentiert sogar schon in der Früh damit und immer öfter auch während der Arbeit. Er macht die Erfahrung, dass er aktiv gegensteuern und punktuell die Hektik verabschieden kann. Er erzählt von einer neuen Lebensqualität. Dank der Zeitprofis auf seiner Bühne.

6. Der Warteprofi

Müssen Sie viel warten? Wie viel Wartezeit haben Sie durchschnittlich am Tag? In der Woche? Vielleicht wird Ihnen der Warteprofi sehr nützlich sein.

Sie warten an der Kasse im Supermarkt, bei einem Amt, im Stau, am Telefon auf die Weitervermittlung, bis der Computer hochgefahren ist, bis die E-Mails geladen sind …
Sie warten auf das Wochenende, auf den nächsten Urlaub, aufs Nachhausekommen. Und jetzt stelle ich Ihnen eine wichtige Frage: Wie warten Sie? Wie verbringen Sie diese Wartezeiten? Ungeduldig hoffend, dass diese Zeit rasch vergeht? Dann hab ich eine interessante Geschichte für Sie:

Ein Mann mag nicht mehr warten. Er wünscht sich eine Möglichkeit, alle Wartezeiten abzuschaffen. Und tatsächlich wird ihm sein Wunsch erfüllt: Er erhält eine Zauberuhr. Wenn er die Zeiger weiterdreht, kann er die Zeit beschleunigen und auf diese Weise die lästigen Wartezeiten abkürzen. Von nun an macht er eifrig Gebrauch von seiner Zauberuhr – mit dem Resultat, dass sein Leben in drei Wochen zu Ende ist.[9]

Diese Geschichte zeigt, dass es schade ist, die Wartezeiten zu verschenken. Viele Menschen empfinden Wartezeit als verlorene Zeit oder sogar als gestohlene Zeit. Lassen Sie das nicht zu! Lassen Sie sich Ihre Zeit nicht stehlen. Erobern Sie sich diese Zeit zurück. Der Warteprofi kann Ihnen dabei behilflich sein:

Ich bin der Warteprofi und habe die Fähigkeit, aus Wartezeiten goldene Zeiten zu machen. Ich helfe Ihnen dabei, in der Warteschlange an der Supermarktkasse an den schönsten Urlaubsort der Welt zu denken.

Ich helfe Ihnen, sich beim Warten in einer Telefonschleife auf Ihre Atmung zu konzentrieren und so zur Ruhe zu kommen und Kraft zu schöpfen.

Ich kann Sie auch an etwas Lustiges denken lassen, an ein fröhliches Erlebnis aus Ihrer Erinnerung. Mit meiner Hilfe werden Sie nicht mehr das Gefühl haben, Zeit zu verlieren, sondern sie sinnvoll zu nutzen, und Sie werden wieder in eine angenehmere Stimmung kommen.

Aus scheinbar gestohlener Zeit können Sie so Zeit gewinnen. Ich kann auch wie ein Zen-Meister Gelassenheit in Ihnen verbreiten. Je nachdem, was gerade angesagt ist. Das kann nach Situation und auch nach Stimmung variieren. Das ist jedenfalls wertvoller, als sich verärgert und ungeduldig zappelnd in eine Opferrolle hineinzureden und genervt Zeit zu vergeuden. Auch Wartezeit ist Lebenszeit.

Und es liegt ganz an Ihnen bzw. an mir, diese Zeit angenehm zu gestalten. Jede Minute ist es wert, ausgekostet zu werden.

Sophie

Sophie braucht einen neuen Reisepass. Sie hat im Büro Bescheid gegeben, dass sie etwas später kommen wird, doch damit hat sie nicht gerechnet: Vor dem zuständigen Büro ist eine elend lange Warteschlange. Das kann dauern. Sie ärgert sich, dass sie wieder bis zum letzten Moment gewartet hat, dass nun, so knapp vor der Urlaubszeit, natürlich viele bemerken, dass der Pass abgelaufen ist. Oje, das kann mühsam werden – und sie merkt schon, wie sich Ärger und Ungeduld anschleichen.

Dann jedoch lädt sie aktiv ihren Warteprofi ein. Der sorgt immer für gute Stimmung. Auch heute gelingt ihm wieder sein Auftritt. Er überrascht sie mit einer Vorschau auf den nahen Urlaub: »Herrlich wird das, mit der Fähre auf die Insel zu fahren, sich die Meeresluft um die Ohren wehen zu lassen und dann allmählich am Horizont die Insel zu entdecken. Das Geschrei der Seemöwen ist auch nicht zu überhören und macht das Urlaubsgefühl komplett. Und das erste Abendessen in der Taverne, das wird auch ein Hochgenuss. Der gegrillte Fisch – so gut wie dort ist der sonst nirgends. Wir werden sicher auch wieder viel Spaß haben. Mit Hermann und Sabine ist es ja immer lustig …«

Und schon wird Sophie aufgerufen. Ihre Phantasiereise hat die Wartezeit im Flug vergehen lassen, und sie ist dank des Warteprofis entspannt und vorfreudig, nicht gestresst und genervt.

Lukas

Lukas' Frau hat nach Büroschluss angerufen und ihn gebeten, doch noch einen Liter Milch vom Supermarkt mitzubringen. Und einen frischen Salat. Na ja, er wäre lieber gleich nach Hause gefahren, aber so geht er eben noch in den Supermarkt. Dort ist er bei weitem nicht der Einzige, der im letzten Moment noch etwas einkaufen will. Er fragt sich, in welcher Schlange er wohl am schnellsten wäre. Die linke ist zwar länger, aber da haben alle nur einen oder zwei Artikel. In der rechten Schlange ist die Dame mit dem vollen Einkaufswagen, das dauert sicher ewig. Na, da stellt er sich doch lieber in die linke Schlange, da wird's sicher schneller gehen. Weit gefehlt, der Blödmann ganz vorne hat die Äpfel nicht abgewogen. Wie blöd kann man denn sein! Ach, jetzt geht auch noch die Kassiererin in die Obstabteilung zum Abwiegen, die Schnellste ist die nicht gerade … na, das kann ja heiter werden.

Ungeduld schleicht sich nicht an, sondern ist schon da. Zusammen mit dem Ärger. Aber: Halt! Der Warteprofi muss her. Welche Idee hat er denn heute? Bauchmuskeltraining. Kann nie schaden! So wird der Warteprofi zum Personal Coach und gibt genaue Instruktionen: Bauchmuskel anspannen, sechs Sekunden halten und wieder entspannen. Bauchmuskel anspannen, sechs Sekunden halten und wieder entspannen. Dann die Hände ganz fest auf den Griff des Einkaufswagens pressen – sechs Sekunden halten – und wieder entspannen. Ups! Da ist Lukas schon dran, zahlt seinen Salat und die Milch und ist seinem Waschbrettbauch auch wieder ein Stückchen näher.

Aber vor allem: Der Warteprofi hat Ungeduld und Ärger erfolgreich von der Bühne gescheucht.

Mein Warteprofi

Stellen Sie sich nun bitte eine Situation vor, in der Sie mit Wartezeiten zu rechnen haben (Amt, Arzt, Supermarkt, Stau, Telefon, PC …). Situation:

_____

_____

Und schreiben Sie nun bitte für Ihren Warteprofi einen Text, den er Ihnen dann bei Bedarf vortragen wird. Ob Atemübungen, Beckenbodentraining, sich an Witze erinnern, einen lustigen Film Revue passieren lassen, sich den nächsten Ausflug ausmalen, sich Geschichten über andere Wartende ausdenken, das bleibt nun ganz Ihnen überlassen. Es ist jedoch sinnvoll, wenn der Warteprofi schon einen Text einstudiert hat, damit er dann einen guten Auftritt hinlegen kann. Warten wird so zum Genuss. Text für den Warteprofi:

Wahrscheinlich freuen Sie sich nun schon auf Ihre nächste Wartesituation. Ihr Warteprofi wird sie Ihnen versüßen. Und aus gestohlener Zeit macht er Genusszeit.

7. Balu der Bär

Balu der Bär ist der Inbegriff von Gemütlichkeit. Er lehnt im Dschungel an einem Baum, schleckt Honig und ist mit sich und der Welt im Reinen. Er genießt, er ist faul, er kann aber auch freudig tanzen, wenn ihm danach ist. Aber eines ist ihm ganz sicher: Er macht, was er will. Er macht, wonach ihm gerade zumute ist. Und davon können wir uns manchmal etwas abschauen.

Anscheinend war ihm heute doch nicht nach Vorsprechen. Er hat abgesagt, er hat ausrichten lassen, dass er lieber in der Hängematte bleibt. Es wäre ihm zu anstrengend gewesen, hier vorzusprechen. Und zu aufregend. Er hat es nicht gerne aufregend. Er will es gemütlich haben. Ich empfehle Ihnen, ihn manchmal zu engagieren. Er hat unglaubliche Qualitäten.

Sein Text: »Probier's mal mit Gemütlichkeit, mit Ruhe und Gemütlichkeit …« Er hat nie Stress. Er hat auch nie Eile. Er geht es gemütlich an.

Wenn Sie einen stressigen Beruf haben und auch in Ihrer Freizeit immer volles Programm, ist Balu der Richtige für Sie. Er sorgt mal für eine Pause. Für Ruhe. Für Genuss und Gemütlichkeit.

Er ist eine echte Couch-Potato. Mit ihm gelingt es, auch mal einen ganzen Sonntag im Bett zu bleiben. Ohne Fieber. Ist es nicht absurd, wenn man nur mit 39 Grad Fieber im Bett bleiben darf? Oder auf dem Sofa? Müssen Sie tatsächlich krank werden, damit Ihr Körper eine Auszeit bekommt? Balu kann Ihnen helfen, sich die Auszeit auch ohne Fieber zu gönnen. Er ist Auszeitprofi. Es muss ja nicht gleich ein ganzer Tag sein, aber hin und wieder eine Genussfaulenzerphase kann keinem schaden.

Je voller Ihr Terminkalender, umso dringender ist es, dass Sie ihn einladen: Balu. Er kommt sicher gerne, wenn Sie ihm ein gemütliches Plätzchen einrichten und garantieren, dass er faul sein darf. Genussfaul.

8. Der Zeitwächter – keine Chance für Zeitdiebe

Wir Zeitwächter haben eine solide Ausbildung als Security-Fachkräfte, haben in den meisten Fällen eine Zusatzqualifikation als Bodyguard und – wie Sie sich vorstellen können – eine re-spekteinflößende Uniform: schwarzer Anzug, schwarze Brille und für den Notfall auch (Schaum-)Gummiknüppel. Wir treten mindestens zu zweit auf, so dass jeder Bühneneingang be-wacht ist und kein unwillkommener Gast – sprich Zeitdieb – die Bühne betreten kann. Erst gestern haben wir wieder einen Zapper (einer, der nur vor dem Fernseher hängt und mit der Fernbedienung endlos nach einer brauchbaren Sendung sucht, die es aber zu dieser Uhrzeit nicht gibt) in Handschellen ab-geführt.

Diese drastische Maßnahme war notwendig, weil der Zapper durch gutes Zureden nicht zum Ver-lassen der Bühne zu überreden war. Da gibt es dann kein Erbarmen. Abführen. Kein Auf-tritt für Zeitdiebe, wenn es –

wie in diesem Fall – viel schlauer wäre, schlafen zu gehen, der Zeitdieb aber noch versucht, unnötig Zeit an sich zu raffen, die Ihnen dann am nächsten Tag fehlt. Da achten wir ganz besonders darauf.

Wir müssen gut unterscheiden können, wer wirklich nur Zeit stiehlt und wer Entspannung bringt. Balu, der Gemütliche, hätte also keine Probleme, an uns vorbeizukommen, außer, er kommt täglich, bleibt den ganzen Tag und vereinnahmt die ganze Bühne. Dann heißt es: Abgang! Pause! Komm morgen wieder.

Wir Zeitwächter achten auch besonders auf das Handy. Das erweist sich nämlich immer öfter als Zeitdieb. Und keiner merkt es – außer eben uns. Schon wieder eine Stunde dahin. So soll es nicht sein.

Bei Bedarf können Sie auch einen Zeitwächter mit einer Zusatzqualifikation für Facebook bestellen. Da klären wir in einem ausführlichen Vorgespräch Ihre persönliche Grenze zwischen Spaß, Gewinn – und Zeitdiebstahl. Wir gehen ganz individuell auf Kundenwünsche ein. Internetsurfen und Computerspiele sind weitere beliebte Zusatzmodule.
Wir sind also sehr flexibel und arbeiten individuell abgestimmt auf Ihr ganz persönliches Zeitprofil. Sie werden staunen, wie viel Zeit Sie plötzlich haben werden, wenn Ihnen keine mehr gestohlen wird.

9. Der Mexikaner – zweiter Versuch

So, jetzt ist er da, der Mexikaner, er hat sich etwas verspätet, aber nun hat er es ja gerade noch rechtzeitig geschafft.

Ich komme aus Mexiko. Ich habe sehr viel Zeit. (Pause) Bei mir geht alles ein bisschen langsamer. (Pause)
Ich lasse mich nie hetzen. Und ich verstehe nicht, warum ihr es alle so eilig habt. (Pause) Bei uns in Mexiko läuft alles viel ruhiger ab. (Pause) Bei uns zu Hause haben wir's nicht so mit den Uhren. (Pause)
Ich bin ein sehr gelassener Mensch, mich bringt so leicht nichts aus der Ruhe. (Pause) Warum auch? Zahlt sich doch gar nicht aus, so zu hetzen. Langsam geht´s auch. (Pause) Und die Welt dreht sich weiter. Ob wir nun schnell machen oder langsam. (Pause)
Na ja, jedenfalls, wenn Sie mich engagieren, werden wir es sicher gemütlich haben. Wir werden uns Zeit lassen und das Leben genießen.

Sie haben vielleicht das Bedürfnis, den Mexikaner zur Rede zu stellen, was sein Zuspätkommen betrifft: »Lieber Herr Mexikaner, wieso sind Sie denn heute zu spät gekommen?«
Er würde wohl darauf antworten: »Zu spät? Was meinen Sie? Ich bin doch rechtzeitig gekommen!«

Sie können sich ja mal zum Ausprobieren einen Mexikaner auf Ihre innere Bühne einladen. Als Experiment. Einen, der es nicht eilig hat. Der es gemütlich angeht. Der sich nicht hetzen lässt.

Probieren Sie es wirklich aus. Zu Beginn in unverfänglichen Situationen, z. B. wenn Sie einkaufen gehen. Tun Sie das einmal als Mexikaner.

Speziell, wenn Sie das Wort *schnell* gerne verwenden – und das tun viele! –, in Sätzen wie »Ich geh noch schnell einkaufen, bevor ich nach Hause gehe«, »Ich hol noch schnell …«, »Ich mach noch schnell …«, »Ich muss noch schnell …«. Dann kann Ihnen der Mexikaner behilflich sein, dieses unnötige Wort, das nur Stress macht, loszuwerden. Tauschen Sie jedes *schnell* gegen ein *langsam* – es fühlt sich doch gleich ganz anders an, wenn sie zu sich sagen: »Ich geh noch langsam einkaufen!« Fehlt nur noch der Sombrero!

Sie haben nun acht Zeitprofis kennengelernt:

Die Lebensfreude: Wenn ich noch einmal zu leben hätte, dann würde ich viel öfter ….

Der Mexikaner: Er hat es nie eilig. Wozu hetzen? In Ruhe geht es auch.

Der Zeitmillionär: Ja, der hat leicht reden, denn er hat unendlich viel Zeit. Lassen Sie sich von ihm beschenken.

Das Jetzt: Schiebt die Zukunft in die Zukunft und sorgt dafür, dass Sie Ihre Aufmerksamkeit auf das richten, was JETZT ist.

Die Körperzeit: Hier nützen Sie Ihren Körper, damit sich Gelassenheit in Ihnen ausbreiten kann. Slow Motion.

Der Warteprofi: Macht aus Ihrer Wartezeit goldene Zeit. Im Handumdrehen.

Balu der Bär: Der Inbegriff von Gemütlichkeit. Ihn kann wirklich nichts aus der Ruhe bringen und er ist auch sehr gerne faul. Ein Genussfaulenzer.

Der Zeitwächter: Den sollten Sie engagieren, wenn Sie von Zeitdieben umgeben sind. Er hat eine gute Ausbildung als Security-Fachkraft.

Für den Anfang ist es hilfreich, die Auswahl zu reduzieren – mit den Favoriten zu experimentieren und erst nach und nach das Ensemble zu erweitern.

Katharina

Katharina ist sehr oft in Zeitnot. Sie weiß im Büro sehr oft nicht, wo ihr der Kopf steht.
Ganz besonders nervt es sie, wenn sie beim Telefonieren in einer endlosen Warteschleife hängt. Auch das Warten im Supermarkt kostet sie oft den letzten Nerv. Und am Wochenende, wenn sie dann endlich mal entspannen könnte, gelingt ihr das meist gar nicht. Sie hat sich nun für drei Zeitprofis entschieden, mit denen sie im Alltag experimentieren will:

	Situation	Zeitprofi
1.	Wenn ich im Büro nicht weiß, wo mir der Kopf steht	Das JETZT
2.	Wenn ich am Telefon in der Warteschleife hänge	Der Warteprofi
3.	Wenn ich am Wochenende entspannen will	Balu der Bär

Meine Zeitprofis

So, nun sind Sie an der Reihe. Suchen Sie sich Favoriten aus, die Sie engagieren wollen. Bedenken Sie dabei unterschiedliche Situationen, in denen Sie deren Hilfe brauchen können.

	Situation	Zeitprofi
1.		
2.		
3.		
4.		

Jetzt können Sie sich schon richtig freuen, wenn diese Situationen eintreffen, und Sie mit Ihrer neuen Bühnenbesetzung gut gewappnet sind.

Viel Vergnügen beim Ausprobieren!

7. STARKE TYPEN

Frau Martha und das Geld

Preisverhandlungen sind nicht mein Ding. Bis heute nicht. Deswegen habe ich dieses Thema delegiert: an Frau Martha. Frau Martha ist die Sekretärin auf meiner inneren Bühne. Sehr praktisch.

Ich möchte Ihnen die Geschichte erzählen, wie es dazu kam: Immer schon waren mir Preisverhandlungen unangenehm. Ich besuchte Verkaufsseminare, machte Verkaufs-Coachings, nichts half. Sobald bei einer Besprechung das Thema Geld aufkam, wäre ich gerne unter den Teppich gekrochen. Und eines Tages geschah etwas sehr Amüsantes. Ich schummelte mich um das Thema Preisverhandlung herum, indem ich nach einer inhaltlichen und konzeptionellen Besprechung vereinbarte, dass ich das Angebot per E-Mail schicken würde.
Gesagt, getan.

Am nächsten Tag rief der potenzielle Auftraggeber bei mir an. Ich meldete mich mit: »Firma Glückstraining, Smolka.«

»Guten Tag, hier M., kann ich bitte mit Frau Smolka sprechen?«

»Ich bin am Apparat.«

»Wann kann ich sie denn erreichen?«

Offensichtlich glaubte er, ich sei jemand anders …

»Ich *bin* Frau Smolka.«

Auch das half nichts, er hatte anscheinend schlechten Empfang. Und dann geschah es: Er sprach mit mir in dem Glauben, ich sei die Sekretärin!

»Vielleicht können Sie mir ja weiterhelfen, ich habe gestern das Angebot von Frau Smolka bekommen, und der Preis erscheint mir schon sehr hoch. Glauben Sie, dass da bei Frau Smolka noch Spielraum ist? Lässt sie über den Preis mit sich verhandeln? Können Sie mir da weiterhelfen?«

Ich war also nun Frau Smolkas Sekretärin, und aus dieser Position heraus war es ganz leicht zu sagen: »Nein, das glaube ich nicht. Frau Smolka kalkuliert immer sehr knapp. Da gibt es kaum Spielraum, nach dem, was ich so mitbekomme.«

Ich war selbst überrascht, wie leicht mir das über die Lippen kam. Ich verhandelte nicht, ich zögerte nicht, und ich hatte nicht einmal ein schlechtes Gefühl dabei. Der Herr am anderen Ende der Leitung hatte die Information, die er brauchte, und er nahm das Angebot an.

Aha, so geht das also auch! So fühlt sich das an, wenn man nicht direkt beteiligt ist. Sehr interessant.

Hätte ich als Frau Smolka mit ihm telefoniert, wäre meine Antwort ungefähr so ausgefallen: »Ach ja, da finden wir schon einen Weg. Daran soll es nicht scheitern. Was sind denn Ihre

diesbezüglichen Vorstellungen?« Ich hätte mich gewunden und wäre zögerlich gewesen. In der Sekretärinnen-Rolle fühlte sich das ganz anders an. Da gibt es einen Preis, der soll bezahlt werden. Punkt. Aus.

So kam mir die Idee, dass ich eine Sekretärin brauche. Eine, die sich um all meine Geldangelegenheiten kümmert. Eine, die entschlossen ist und mit meinen Kunden gut umgeht. Frau Martha ist so eine. Sie weiß, was die Leistung ihrer Chefin wert ist, sie kennt die Marktlage, sie kann sehr gut kalkulieren. Dabei ist sie sehr freundlich, aber eben auch bestimmt. Sie wurde auf meiner inneren Bühne engagiert. Sobald es bei einem Vorgespräch um das Thema Geld geht, ist sie alleine auf meiner inneren Bühne. Das heißt, ich schlüpfe wirklich in ihre Rolle, ich bin sie. Am besten gelingt das, indem ich ihre Körpersprache übernehme. Eine kleine Änderung in meiner Körperhaltung, und schon bin ich sie. Und als Frau Martha sind die Honorarverhandlungen etwas ganz Normales – jedenfalls nichts Unangenehmes.

Im Trockentraining habe ich ausprobiert, wie Frau Martha sitzt, wie sie sich bewegt, wie sie dreinschaut. Das war sehr hilfreich, um wirklich in diese Figur hineinzuschlüpfen. Über den Körper wurden ihre Eigenschaften und Fähigkeiten erlebbar. Und bei der nächsten Gelegenheit kam sie zum Einsatz.

Es war eine Vorbesprechung für ein größeres Projekt. Ein Unternehmen wollte Vorträge für mehrere Bundesländer buchen, Bücher für alle Mitarbeiter erwerben und dann noch einzelne Seminartage für diejenigen, die das Thema vertiefen wollten.

Mit vier Entscheidungsträgern wurden die Inhalte besprochen, mögliche Termine und die Orte, wo alles stattfinden sollte.

Schließlich kam – seltsamerweise erst ganz zum Schluss – die Frage: »Was soll denn das alles nun kosten, Frau Smolka?«

»Ich werde Ihnen per E-Mail ein Angebot zukommen lassen«, war meine erste Antwort.

»Na ja, aber so ungefähr, damit wir uns orientieren können«, kam der Ball zurück.

Es war so weit. Frau Martha musste her. Also schlüpfte ich in ihre Rolle, übernahm ihre Haltung – die sich nur minimal von »meiner« unterscheidet, aber sehr große Auswirkung auf mein Empfinden und Tun hat. Als Frau Martha machte ich ein Angebot für diverse Posten: für die Vorträge, für die Bücher und auch für den Preis eines Seminartages.

»Das ist aber schon recht viel«, sagte der Personalchef.

»Mhm.« Frau Martha schwieg. Sie schwieg!

»Gibt es einen Rabatt, wenn wir fünf Vorträge und so circa zehn Seminartage buchen?«

»Ja, den gibt es schon.« Und Frau Martha gab für das Gesamtpaket ein wenig nach.

»Mhm«, grummelten nun die vier.

Und Frau Martha schwieg wieder. Sie schwieg! Es dauerte eine halbe Ewigkeit. Ich, als Frau Smolka, hätte nicht geschwiegen. Ich hätte längst versucht einzulenken, hätte einen neuen Vorschlag gemacht, wäre bemüht gewesen, Entgegenkommen zu zeigen. Frau Martha schwieg. Sie blieb gelassen und wartete ab.

»Okay«, sagte schließlich der Boss. Uff! Danke, Frau Martha, das haben Sie wirklich gut gemacht. Mit Gelassenheit und Leichtigkeit. So kann es auch gehen.

Das ist ein klassisches Beispiel dafür, wie man sich eine konkrete Figur auf die innere Bühne holen kann. Ein Vorbild, das über Eigenschaften verfügt, die man selber auch gerne vermehrt hätte. Zumindest in bestimmten Situationen. Das ist z. B. sehr hilfreich, wenn man immer wieder in Situationen kommt, in denen es einem schwerfällt, nein zu sagen. Manche bringen dieses Wort, das nur aus zwei *n* und einem *ei* besteht, nicht über die Lippen – auch da gibt es Hilfe.

Paula sagt nein

Marion ist 38 Jahre alt. Sie arbeitet als Anwaltsanwärterin in einer Kanzlei. Sie mag ihren Job sehr. Sie ist engagiert und motiviert. Sie macht täglich Überstunden, auch wenn sie ihr nicht bezahlt werden. 60 Stunden Arbeit in der Woche, das ist für sie keine Seltenheit, sondern selbstverständlich. Weil es immer so war, weil Marion immer da ist, wenn Not am Mann (oder an der Frau) ist. Dafür ist sie bekannt. Sie hat nämlich ein großes Problem: Sie kann nicht nein sagen. Und dafür zahlt sie einen sehr hohen Preis: Sie bekommt zusehends gesundheitliche Beschwerden. Und sie hat noch ein Problem: ihre Kollegin Paula. Die kann nämlich sehr gut nein sagen. Paula grenzt sich ab und verlässt das Büro pünktlich um 15 Uhr, weil sie ihre Kinder aus dem Kindergarten holen muss. Wenn ihr Chef noch etwas von ihr braucht, muss sie ablehnen – sie hat auch einen guten Grund dafür: »Tut mir leid, ich habe es schon eilig, ich muss die Kinder aus dem Kindergarten abholen.« Diesen Satz sagt sie im Hinausgehen noch zu ihrem Chef.

Und nun können Sie raten, wer diese Aufgabe noch erledigen wird. Richtig: Marion.

Marion hat keine Kinder. Sie hat also nicht diese äußere Grenze, die Paula hat. Sie muss sich diese Grenze innerlich schaffen.

Sie hat auch schon Gespräche mit ihrem Chef geführt, um zu klären, dass sie nicht so viele Überstunden machen will, dass sie nicht allzeit bereit sein kann. Er hat sich immer verständnisvoll gezeigt, aber die gewünschte Wirkung war immer nur sehr kurzfristig spürbar.

Nicht nur in der Arbeit, auch im Privatleben kennt Marion das Wort »nein« nicht. Sie steht immer zur Verfügung – egal, ob ihre Freundin Liebeskummer hat, ein Freund beim Umzug Hilfe braucht oder für das morgige Geburtstagsfest eine große Torte fehlt. In letzter Zeit ist Marion all das zu viel geworden. Sie hat das Gefühl, überhaupt keine Zeit mehr für sich selbst zu haben, sie fühlt sich ausgebrannt und erschöpft. Sie leidet zusehends unter Schlafstörungen. Sie liegt dann in der Nacht im Bett und grübelt über Situationen, in denen sie ärgerlicherweise wieder einmal ja statt nein gesagt hat. Sie nimmt sich vor, es bei der nächsten Gelegenheit zu schaffen, aber da kommt schon wieder das gewohnte freundliche »Ja« aus ihrem Mund. In letzter Zeit hat sie immer öfter Magenschmerzen. Sie vermutet, dass die geschluckten Neins ihr auf den Magen schlagen. Sie würde gerne öfter nein sagen, bringt das aber nicht übers Herz bzw. über die Lippen.

Mit diesem Problem kommt sie zu mir zu einer Coaching-Stunde. Sie braucht eine Nachhilfestunde im Neinsagen. Das ist ein perfekter Auftrag für das innere Team.

In einem ersten Schritt bitte ich Marion, sich an eine konkrete Situation aus der jüngsten Vergangenheit zu erinnern, bei der sie ja gesagt hat, obwohl ein Nein passender gewesen wäre. »Das passiert mir ganz oft, dass ich etwas gefragt werde und ich sage ohne zu überlegen ›Ja‹. Vielleicht sogar ›Ja, gerne‹. Und im gleichen Moment höre ich innerlich ein Nein. Dieses innerliche Nein wird schon immer dringlicher, es schreit in mir, aber es kommt nicht über meine Lippen.« Das Nein ist also schon da, aber es hat noch keine Möglichkeit, herauszukommen.

Aber zurück zum Start: Wir beginnen mit einer konkreten Situation, die erst kurz zurückliegt. Marion schildert eine Szene vom gestrigen Tag. Es ist 17 Uhr, ihre Arbeitszeit endet eigentlich um 16 Uhr, da sie schon seit halb acht im Büro ist, aber es war noch etwas Dringendes zu erledigen – wie immer. Also ist sie nun mit einer Stunde Verspätung am Gehen. Alles ist erledigt, der Computer schon heruntergefahren, da kommt noch einmal ihr Chef aus seinem Büro gestürmt und sagt: »Ah, Frau …, das ist gut, dass ich Sie noch erwische, da wäre noch etwas ganz Dringendes. Ich habe vorher vergessen, es Ihnen zu geben. Dieser Brief, der muss unbedingt heute noch raus, sonst verpassen wir eine Frist. Ist ja nur ein kurzer Brief. Sie sind wirklich ein Schatz, dass Sie das noch für mich machen.« »Ja, gerne«, antwortet Marion darauf. Der *Schatz* im letzten Satz hat natürlich auch seine Wirkung gezeigt. Da kann das Nein noch schwieriger heraus. Im Inneren ist es da, das Nein. Es schreit sogar: »Nein, Marion, mach es nicht! Nein!!« Aber dieses innere Nein bleibt innen. Draußen ist nur das »Ja, gerne!« zu hören.

Diese konkrete Situation sehen wir uns nun näher an. Wir stellen die innere Bühne auf, wie sie tatsächlich in der konkreten Situation war – die Realbühne. Das heißt, wie in einem Theaterstück wird die Szene nachgespielt, so dass Marion in die gleiche Situation und auch in die gleiche emotionale Verfassung versetzt wird: Marion ist im Büro, sie ist im Begriff zu gehen, ihr Chef stürmt aus seinem Büro und bittet sie, doch noch diesen einen Brief zu schreiben. »Sie sind wirklich ein Schatz, dass Sie das noch für mich machen.« An dieser Stelle wird die Szene gestoppt und die innere Bühne sichtbar gemacht. Wir machen uns also auf Spurensuche, welche Stimmen in Marion in diesem Moment zu hören sind.

Marion steht auf ihrer Bühne in der Mitte.

Da steht im Vordergrund **die Brave,** die aus einer üblen Gewohnheit heraus »Ja, gerne« sagt. Links hinter ihr steht **die Geschmeichelte:** »*Sie sind ein Schatz,* hat er gesagt, da kann ich doch nicht nein sagen. Außerdem ist er wirklich ein netter Chef.« Da ist auch noch **das innere Nein,** das steht rechts hinter ihr und brüllt schon laut NEIN, aber seine Stimme verhallt im Inneren. Das ist das Anstrengende an der Situation. Wenn das Innen und das Außen nicht kongruent sind, dann geht sehr viel Energie verloren. Das ist Stress. Das ist auf Dauer sehr anstrengend und gesundheitsgefährdend.

Marion schlüpft nun in jede dieser Rollen hinein, spielt also jede Figur:

Die Brave ist gehorsam, macht, was man ihr sagt, und will es allen recht machen (vergleiche: Antreiber *Mach es allen recht!* auf Seite 52). Sie will beliebt sein, nicht anecken und achtet darauf, dass es allen in ihrer Umgebung gutgeht. Nur sich selbst vergisst sie dabei.

Die Geschmeichelte wird durch das Kompliment des Chefs Wachs in seinen Händen. Er weiß, wie er sie erwischt. Die Geschmeichelte macht noch mal Druck auf die Brave.

Das innere Nein ist zwar da, was ja schon mal gut ist, aber es ist nicht sehr hilfreich, wenn es innen bleibt. Als Marion in diese Rolle schlüpft, bemerkt sie, dass das Nein zwar laut, aber auch sehr klein ist. Wie ein Kind, so klein. Die Brave und die Geschmeichelte haben wesentlich mehr Einfluss. Aufgabe wird es sein, dieses Nein größer zu machen und nach außen zu lassen. Dann ist das Problem gelöst.

So sieht also nun in dieser konkreten Situation Marions innere Bühne aus: die Realbühne.

In einem zweiten Schritt wird nun die Idealbühne neu besetzt. Das heißt, die momentane Besetzung bleibt auf der Bühne, und Marion kann sich neue Figuren dazuholen, die ihr helfen werden, die Situation besser zu meistern. Der Phantasie sind hier keine Grenzen gesetzt. Sie kann sich reale Menschen auf die Bühne holen, Stars, Märchenfiguren, Schutzengel, auch abstrakte Figuren, Gefühle – was immer ihr einfällt.

Das innere Nein ist ja schon auf der Bühne, es braucht aber unbedingt Verstärkung. Also brauchen wir eine Figur, die nein sagen kann.

Ich bitte Marion, sich eine Person zu überlegen, die gut nein sagen kann. Eine, der es offensichtlich leichtfällt. Da fällt ihr gleich ihre Kollegin Paula ein. Die kann das. Ohne mit der Wimper zu zucken. Und anscheinend auch ohne schlechtes Gewissen. Perfekt. Wir werden also eine *Paula* auf die innere Bühne holen. Zum Einstimmen schlüpft Marion in die Figur der Paula und spielt ihre Rolle in der konkreten Situation mit dem Chef. Marion probiert aus, welche Körperhaltung die stimmigste dafür ist. Das ist ein ganz wesentlicher Aspekt bei dieser Übung! In der nächsten Realsituation kann Marion nämlich »Paula spielen« – und als Paula wird es ihr leichtfallen, nein zu sagen, weil Paula das kann. Deshalb trainiert Marion nun im Trockentraining, wie eine Paula sich bewegt, wie sie redet, wie sie nein sagt, welche Körperhaltung sie hat. Und sie findet sehr bald eine Haltung, mit der ihr das Nein leicht über die Lippen kommt. Auf der Bühne stellt Marion *Paula* gleich neben *das innere Nein* – wie einen Verstärker.

Und nun wird die Szene noch einmal durchgespielt: Der Chef kommt wieder aus dem Büro gestürmt: »Sie sind wirklich ein Schatz, dass Sie das noch für mich machen.« *Die Brave* und *die Geschmeichelte* sind auch noch da, aber neben dem *inneren Nein* steht nun *Paula,* die ganz klar und deutlich NEIN sagt. Marion gelingt es leicht, nein zu sagen. *Die Brave* und *die Geschmeichelte* sind noch gar nicht zu Wort gekommen. »Wie fühlt sich das an?«, frage ich.

»Schrecklich, ich habe so ein schlechtes Gewissen dabei.« Eine neue Figur ist ungebeten auf der Bühne erschienen:

Das schlechte Gewissen. Marion schlüpft in die Rolle des schlechten Gewissens: »Das kannst du doch nicht machen, du kannst ihn doch nicht im Stich lassen. Was soll er denn tun, wenn du jetzt gehst.«

Die Geschmeichelte mischt sich auch gleich ein: »Ja, genau, wo er doch immer so nett ist zu dir!«

Puh! Marion schnauft. Paula hat gleich wieder an Macht verloren, das schlechte Gewissen ist zu stark. Nun gilt es zu überlegen, wie das schlechte Gewissen im Zaum gehalten werden kann.

Ich frage Marion: »Was ist der Preis, den Sie zahlen, wenn Sie nicht nein sagen?«

Sie überlegt eine Weile. »Meine Gesundheit.« Eben. Das ist ein sehr hoher Preis.

Also stellen wir doch *die Gesundheit* auf die Bühne. Marion schlüpft in diese Rolle, damit die Gesundheit auch eine Figur wird und einen Satz bekommt. »Ich bin gesund, und ich will auch gesund bleiben. Ich achte auf mich.« In dieser Rolle wirkt Marion sehr stark und überzeugend. Die Gesundheit stärkt das Nein und schwächt das schlechte Gewissen. Die Gesundheit stellt Marion auf der Bühne gleich hinter sich, so dass das schlechte Gewissen abgedrängt wird.

Nun wird die Szene noch einmal durchlaufen. Der Chef sagt: »Sie sind wirklich ein Schatz, dass Sie das noch für mich machen.«

»Nein«, sagt *Paula,* und *die Gesundheit* spult auch ihren Satz ab: »Ich bin gesund, und ich will auch gesund bleiben. Ich achte auf mich.« *Die Brave* und *die Geschmeichelte* sind zwar auch noch auf der Bühne, aber Marion sagt, dass sie die in der Situation gar nicht mehr wahrnimmt. *Paula* und *die Gesundheit* sind laut genug, um die anderen verstummen zu lassen. Perfekt.

Nach einer Woche kommt Marion wieder und berichtet mir. Sie erzählt, dass es ihr nicht immer, aber immer öfter sehr gut gelingt, nein zu sagen. Die Kombination von *Paula,* die das Nein herausbringt, und *Gesundheit,* die das *schlechte Gewissen* in Schach hält, funktioniert. Sie baut sich in geeigneten Situationen ihre neue innere Bühne auf. Und sie sagt, *Paula* und *die Gesundheit* treten nun immer gemeinsam auf. Ein gutes Team, die beiden.

Marion war ganz erstaunt darüber, wie schnell ihr Chef das Nein akzeptierte. Wenn sie bestimmt genug ist, so scheint das Nein auch so klar anzukommen, dass es respektiert wird. In diesem Fall kam es zu einer verblüffenden Wende: Nachdem Marion wiederholt nein gesagt hatte, hat ihr Chef erkannt, dass sie Unterstützung braucht, und nun bekommt sie diese durch eine zusätzliche Halbtageskraft. WOW. Was ein Nein alles kann, ich bin immer wieder erstaunt.

Wenn die derzeitige Besetzung nicht ausreichend gewesen wäre, hätte ich noch den Vorschlag gemacht, auch *die Krankheit* als Figur auf die Bühne zu holen, ihre *Schlafstörungen* oder ihr *Magenweh.* Als Hilfeschrei. Das hätte das Nein auch noch stützen und stärken können, aber Marion war mit ihrer Besetzung durchaus zufrieden.

Wenn Sie selbst auch mit dem Nein experimentieren wollen, so habe ich hier ein paar Anregungen für Sie:

Sehr oft schleicht sich beim Neinsagen *das schlechte Gewissen* auf die Bühne. Es ist wichtig, dass es nicht ignoriert wird, oft kann es nicht einfach so weggeschoben werden. Es darf ruhig auf der Bühne bleiben. Es ist eben da. Aber lassen Sie es nicht zu nahe an sich herankommen. Sie können z. B. *die Gesundheit* dazwischenschieben, so wie Marion es getan hat. Die Gesundheit, die sagt: »Das Nein ist wichtig für deine Gesundheit. Wenn du so weitermachst, dann fällst du bald um. Dann kannst du nicht mal mehr ja sagen.« Das wirkt sehr gut.

Zur Gesundheit könnte sich auch noch *die Lebensqualität* gesellen, die sagt: »Ich will nicht nur arbeiten in meinem Leben. Ich will auch meine Freizeit haben und das Leben genießen, Spaß haben!«

Dann könnte *die Gerechtigkeit* als Unterstützung auf die Bühne kommen: »Meine Kollegin geht immer pünktlich, ich will das auch. Es steht mir zu.«

Und so wird das Nein gestärkt: Dank *Neinsager* (bei Marion übernimmt das *Paula*), dank *Gesundheit,* dank *Lebensqualität,* dank *Gerechtigkeit* ist das *schlechte Gewissen* kaum mehr wahrzunehmen.

Es kann ja auch sein, dass Ihnen ein klares, eindeutiges, kurzes, knappes NEIN zu hart ist.

Das knappe, kurze »NEIN!« hat zwar den Vorteil, dass es ganz eindeutig ist, aber den Nachteil, dass es manchen Menschen zu brutal vorkommt. Und für diesen Fall gibt es Variationen, die weicher sind und es damit leichter machen, nein zu sagen.

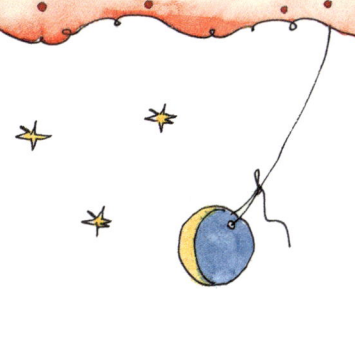

Ein weiches Nein ist besser als gar kein Nein! Aber Vorsicht, dass das Nein nicht zu weich wird, sonst wird es nicht mehr als solches erkannt!

Verschiedene Arten, nein zu sagen:

✱ Das **Nein, geradeheraus,** ohne Umwege, kurz, eindeutig und unmissverständlich: »Nein!«

✱ Das **Nein mit Begründung** stimmt das schlechte Gewissen milde: »Nein, weil …«, »Nein, ich mache gerade etwas für …«, »Nein, das mache ich aus Prinzip nicht.«

✱ Eine **Alternative anbieten,** das lindert die Wucht des Neins: »Nein, aber dafür mache ich …«, »Nein, dafür biete ich …«.

✱ Die **Ankündigung des Nein,** so wappnen Sie sich für die Zukunft: »Dieses Mal noch, aber beim nächsten Mal nicht mehr.«

✱ **Das Nein aufschieben,** um etwas Zeit zu gewinnen: »Hat diese Entscheidung noch Zeit?«, »Kann ich mir das noch überlegen?«.

✱ Auch mit einem **befristeten Nein** können Sie Zeit gewinnen. Vielleicht erübrigt sich die Sache ja in der Zwischenzeit. »Das geht gerade nicht, kommen Sie später wieder.«

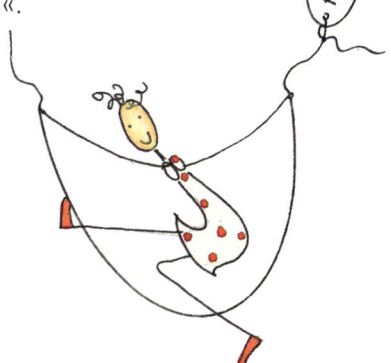

* Die *Konsequenzen erfragen,* um den Ball an das Gegenüber abzugeben: »Was würden Sie jetzt tun, wenn ich nein sage?«
* *Bedingungen stellen,* um den anderen auch in die Pflicht zu nehmen: »Ich kann das nur machen, wenn ...«
* *Die Anfrage überhören bzw. absichtlich missverstehen:* »Das kenne ich«, »Das tut mir leid für Sie«
* *»Ja, aber ...« statt »Nein«.* Sie sagen damit zu etwas anderem nein, entlasten sich also gleichzeitig an anderer Stelle: »Mache ich gerne, aber dann schaffe ich ... nicht.«
* Ein humorvolles *»Nöö«.*

Mein Neinsager – meine Neinsagerin

Hier können Sie an verschiedenen Beispielen ausprobieren, wie Ihnen ein Nein gelingen kann. Welche Variante liegt Ihnen besonders? Welche Figuren können Ihnen beim Neinsagen behilflich sein?

Es geht bei diesen Übungen keineswegs darum, sich ein unsoziales Verhalten anzutrainieren, sondern vielmehr darum, zu üben und zu experimentieren, mal nur auf sich selbst zu schauen und sich abzugrenzen. Das hier ist eine Übungswiese, damit Sie mit Ihrem Nein Bekanntschaft machen können. Wenn dann in einer Situation ein Nein sehr wichtig für Sie ist, haben Sie die Figur der Neinsagerin/des Neinsagers schon in Ihrem Rollenrepertoire.

Wenn Sie jeweils entscheiden können, welches Nein für Sie am besten passt, verschafft Ihnen das in der Diskussion Spielraum.

1. Stellen Sie sich vor, eine Freundin bittet Sie, am nächsten Tag für zwei Stunden auf ihre Kinder/ihren Mann/ihren Hund aufzupassen. Sie haben jedoch für diesen Nachmittag schon etwas anderes vor, was ihnen sehr wichtig ist.
Wie können Sie das Nein formulieren bzw. »verpacken«?

_____

_____

_____

_____

_____

_____

_____

Haben Sie eine Idee, welche Figuren Sie dabei unterstützen könnten? Wie heißen diese, und was sagen sie?

_____

_____

_____

2. Nun malen Sie sich aus, dass Ihr Geschäftspartner Sie um einen Preisnachlass bittet. Wie könnten Sie das Nein formulieren bzw. »verpacken«?

_____

_____

_____

_____

_____

_____

Haben Sie eine Idee, welche Figuren Sie darin unterstützen könnten? Wie heißen diese, und was sagen sie?

_____

_____

_____

_____

3. Stellen Sie sich vor, Sie stehen im Supermarkt an der Kasse. Ihr Einkaufswagen ist ziemlich voll. Eine junge Frau, die nur einen Artikel hat, fragt Sie: »Dürfte ich bitte vor?« Auch wenn Sie sich nun denken: »Na klar lasse ich sie vor!«, üben Sie hier – rein theoretisch – das Nein. Wie könnte das klingen?

_____

_____

_____

_____

_____

_____

Haben Sie eine Idee, welche Figuren Sie unterstützen könnten? Wie heißen diese, und was sagen sie?

_____

_____

_____

_____

4. Ihnen fällt sicher auch noch ein Beispiel aus Ihrem persönlichen Alltag ein. Eine Situation, die Ihnen vielleicht schon des Öfteren begegnet ist, in der Sie ja gesagt haben, obwohl Sie nein sagen wollten.
Welche Situation war das?

_____

_____

_____

Wie hätten Sie das Nein formulieren bzw. »verpacken« können?

_____

_____

_____

_____

_____

_____

Haben Sie eine Idee, welche Figuren Sie darin unterstützen könnten? Wie heißen diese, und was sagen sie?

_____

_____

_____

_____

_____

Keine Angst, Sie dürfen auch ja sagen. Das ist schließlich ein wundervolles und wichtiges Wort.
Prüfen Sie jedoch, ob es von Herzen kommt.

8. GRANT & CO.

Heute bin ich grantig

Heute bin ich grantig. Aber echt.

Das kommt nicht oft vor, aber manchmal eben doch.

Grantig. Aus.

Ich will dann nichts sehen und nichts hören. Am besten spricht man mich nicht an.

Heute ist so ein Tag. Eigentlich hab ich mich schon lange auf den heutigen Tag gefreut, weil ich in letzter Zeit sehr im Einsatz war und es heute zwar genug Arbeit gibt, aber keine Termine anstehen. Ich kann mir den Tag also ganz frei einteilen. Das mag ich sehr.

Na ja, die Termine der Vortage waren, wie gesagt, anstrengend, alles ist gut gelaufen, und heute in der Früh wache ich auf und bin grantig. Ich kann nicht einmal sagen, ich sei mit dem linken Bein aufgestanden, denn ich war schon grantig, als ich noch im Bett lag. Anscheinend ist mir eine Laus über die Leber gelaufen – in der Nacht.

Das Wetter ist schön, da kann ich mich nicht beschweren. Sonst auch keine besonderen Vorkommnisse oder Ärgernisse.

Ein Grant aus dem Nichts. Aber es ist ja trotzdem ein Grant. Also gut.

Die innere Bühne betrachtet: Da steht er also nun, der Grant. Ganz einsam und verlassen, aber das scheint er zu genießen. Den Alleinauftritt. Keinerlei Konkurrenz. Noch nicht! Also gut, soll er seinen Auftritt haben. So gehe ich also grantig einen Kaffee kochen, und als mich meine Schwester anruft, sage ich ihr gleich, dass ich grantig bin.

»Na geh, warum denn?«

»So halt.«

»Mhm.«

»Ist doch so schön draußen. Magst du mit mir laufen gehen?«

»Sicher nicht!« Grantig laufen gehen – so eine blöde Idee. Mit dem Grant bleibt man lieber zu Hause. (Sonst vergeht er womöglich.)

Also gut, nach dem grantigen Duschen und Anziehen grantig Kaffee trinken, dann den blöden Computer anschalten und die lästigen Mails beantworten. Nervig. Was die heut wieder alles von mir wollen!

Das nervt!

Am späten Vormittag gesellt sich die Gereiztheit dazu. Die Gereiztheit darüber, dass ich grantig bin. Ist doch wirklich zu blöd, das Arbeiten lass ich sein für heute, da geht ja mit dem Grant soundso nichts voran.

Jetzt habe ich frei, die Sonne scheint, und ich bin grantig. Ist doch ärgerlich, oder? Das werden Sie doch verstehen!

Also gut, mit Grant und Gereiztheit sitze ich nun da und warte. Schön langsam gesellt sich jetzt auch noch die Langeweile dazu … ein nettes Trio!

Aber erstaunlicherweise erweist sich die Langeweile als sehr hilfreich. Sie bringt nämlich das Fass zum Überlaufen. Jetzt wird es mir zu bunt.

Also rufe ich meine Schwester an: »Hast du auch Lust, mit einer grantigen Schwester laufen zu gehen?« Würde sie gern, aber jetzt hat sie keine Zeit mehr. Na bravo!
Das auch noch. Da gebe ich mir einen Tritt, und dann kommt die Absage.
Da meldet sich Gereiztheit Nummer 2: »Na super! Hättest du halt gleich ja gesagt, das hast du jetzt davon!«

Also das ist mir jetzt zu blöd. Gehe ich eben alleine laufen. Aber nicht am Donaukanal entlang, der mich heute sicher auch nervt. Ich werde mit dem Fahrrad zu den Weinbergen hinausfahren. Die geben mir immer Kraft. Und die Bewegung in der Natur macht mir normalerweise gute Laune.
Beim Umziehen fluche ich noch ein bisschen vor mich hin, weil ich die Laufsachen nicht gleich finde. Und überhaupt alles blöd ist. Und ärgerlich.
Was ist denn los mit mir, frage ich mich. Und betrachte meine innere Bühne: Wie da der Grant ganz grantig herumhängt, und wie sich die Gereiztheit dazugesellt hat. Wie sich die beiden immer mehr aufplustern. Bis es fad wird und die Langeweile gelangweilt hereinschleicht. Und dann noch Gereiztheit 2.
Durch die Betrachtung der Gefühle von außen, vom Zuschauerraum aus, gelingt eine Distanzierung. Das ist gerade beim Thema Ärger und Stress ganz wichtig.

Das Bild dieser Bühnenbesetzung hilft mir, die Situation zu belächeln, sie sehen doch zu komisch aus, die miesepetrigen Gesellen auf meiner Bühne, und da passiert es: Das Lächeln tritt auf die Bühne, und es wird gleich heller. Ja, und Helligkeit, die mag mein Grant gar nicht. Da fühlt er sich nicht wohl. Das Lächeln bringt meist auch gleich seine Freunde mit: den Spaß, die Lebensfreude, die Unternehmungslust. Diese Gefolgschaft lässt nicht lange auf sich warten und deren Wirkung noch weniger. Schön ist's!

Ich freue mich schon aufs Laufen in den Weinbergen! ☺

Wie nach einem Fußballmatch folgt auch hier eine Analyse. Was ist passiert? Welcher Auftritt hat was bewirkt?

Zu Beginn ist da *der Grant* auf der Bühne. Keine Ahnung, was ihn dorthin gebracht hat, aber er ist nun mal da. Und einfach wegschicken würde nicht funktionieren. Dazu fehlen in dieser Situation sowohl die Idee als auch die Energie. Am besten, der Grant wird erst mal akzeptiert und es wird ihm Raum gegeben. Er ist ohnehin nicht allzu lange alleine auf der Bühne, weil sich bald die *Gereiztheit* meldet. Die Gereiztheit darüber, dass der Grant da ist und nicht der Spaß. Und wenn ich den beiden ihren Auftritt lasse und nicht in Opposition gehe, kommt bei mir recht rasch die *Langeweile* dazu. Und das hat ihn dieser Situation auch die Energie gebracht. Dieses Trio war so nervig und langweilig, dass die Initiative aufgetaucht ist, die nötig war, um etwas zu verändern. Die Initiative bewirkt, dass die *Motivation* auf die Bühne springt und nach Aktion schreit: Laufen gehen! Okay, kleiner Rückschlag, dass meine Schwester schon verhindert ist. *Gereiztheit 2* kommt auf die Bühne.

Und erst dann kommt die Idee, selbst von der Bühne zu stei-gen, mich in den Zuschauerraum zu setzen und die Situation von dort aus zu betrachten. Der Perspektivenwechsel ermög-licht mir, Distanz zu dem jeweiligen Gefühl herzustellen, und es gelingt mir somit leichter, die Emotion hinter mir zu lassen. In leichten Fällen – wie bei diesem »banalen« Alltagsgrant – ge-nügt dies schon, damit Erleichterung eintritt. So wird auch ein Lächeln wieder möglich.

Damit ist der Bann gebrochen. Mit dem Lächeln kommen meistens auch seine Freunde:

Der Spaß: »Juhu, jetzt geht's los!«

Der Humor: »Ellerie, sellerie, sa, sibberie, sabberie knull.« (Frei nach Janosch)

Die Leichtigkeit: »Ein wenig frische Luft, ein wenig Sonne, alles ist gut!«

Die Lebensfreude: »Ist das herrlich! Jetzt freu ich mich aufs Laufen.«

Sobald ich im Zuschauerraum sitze – die Konstellation also von außen betrachte –, wird spürbar, nicht ich bin der Grant, son-dern der Grant ist ein Teil von mir. Nicht ich bin die Gereiztheit, sondern die Gereiztheit ist ein Teil von mir. Ich kann sie beide wie Rumpelstilzchen auf der Bühne herumhüpfen sehen. Und die Situation wird leichter.

Es ist natürlich nicht immer so einfach, das Lächeln auf die Bühne zu bekommen, aber mit Übung gelingt es immer leich-ter. Durch den Perspektivenwechsel werden auch Lösungen besser sichtbar: Neue Ideen für eine Umbesetzung der Bühne tauchen auf.

Die Langeweile hat bewirkt, dass bald die Initiative auf die Bühne kam. Die Initiative allein genügt aber noch nicht. Es braucht auch eine Idee. Eine Idee, wie auf die langweilige, genervte, grantige Bühne etwas Schwung und Elan kommen können. Das Problem ist allerdings: Wenn man grantig oder gelangweilt ist, dann hat man nur grantige und langweilige Ideen. Deshalb ist es gut, wenn man eine Liste parat hat mit Dingen, die einen in gute Stimmung bringen. Eine Liste, die in guter Stimmung entstanden ist. Und nun sind Sie aufgefordert, sich zu überlegen, welche Aktivitäten Sie in gute Stimmung bringen. Da ist auch Ihr innerer Optimist gefragt (siehe Kapitel *Stimmungsmacher*).

Meine Grant- und Langeweile-Vertreibungs-Aktivitäten

Hier schreiben Sie sich eine Liste, was alles Sie in gute Stimmung bringt. Diese Liste kann und soll über längere Zeit hinweg wachsen. Bedenken Sie dabei auch verschiedene Wetterlagen, Jahreszeiten, Orte und Situationen.

Das könnte so aussehen:

* *in den Wald gehen*
* *tanzen*
* *mit meiner Freundin auf ein Glas Prosecco gehen (oder zwei)*
* *ins Kino gehen*
* *meine Lieblingsmusik auflegen*
* *laut singen*
* *pfeifen*

Stellen Sie sich vor, Ihre Bühne ist von Grant und Langeweile belagert. Vor lauter Langeweile springt die Initiative auf die Bühne.
Welche Ideen können Sie der Initiative liefern, damit Partystimmung aufkommt? Na ja, es muss ja nicht Party sein, aber gute Stimmung. Wie sieht Ihre Stimmungsmacherliste aus?

Meine Grant- und Langeweile-Vertreibungs-Aktivitäten:

_____

_____

_____

_____

_____

_____

_____

Mit dieser Liste bekommt man ja fast schon Vorfreude auf den nächsten Grant, oder?

Ärger – nein danke!

Das Problem mit dem Ärger ist folgendes:

Der *Ärger* – diese Figur – ist so mächtig, er macht sich so wichtig, ist so ärgerlich, dass er die Bühne total beherrscht. Alle anderen verstummen, werden mucksmäuschenstill, klein und unsichtbar. Der Ärger hat gerne den Alleinauftritt.

Und die Folge: Alles ist ärgerlich. Es ist nur noch Ärger spürbar. Ärger, Ärger, Ärger.

Der Ärger hat Scheuklappen auf. Je ärgerlicher der Ärger ist, umso kleiner wird sein Gesichtsfeld: Er sieht nur noch den Auslöser für den Ärger.

Es geht also darum, diese Scheuklappen loszuwerden, um die Situation wieder realistischer und entspannter betrachten und bewerten zu können.

Was dabei hilft, ist ein Perspektivenwechsel, damit sichtbar wird, dass es auf der Welt – und auf meiner inneren Bühne – auch noch etwas anderes gibt als Ärger. Es macht also Sinn, nach einer Strategie zu suchen, um aus dem Ärger kurzfristig auszusteigen. Im vorigen Kapitel *(Heute bin ich grantig)* ist der Perspektivenwechsel durch aktives Betrachten der inneren Bühne gelungen. Dafür genügt es, sich in der Phantasie zur Abwechslung mal in den Zuschauerraum zu setzen. Um den Ärger besser von außen betrachten zu können, kann man sich verschiedene Unterstützer zur Seite stellen:

Der *Sachliche* empfiehlt eine Neubewertung der Situation.

Das *Zeitkatapult* schießt Sie in die Zukunft, die Situation sieht gleich ganz anders aus.

Der *Astronom* wird Ihnen die Ausmaße des Weltalls erklären, Ihr Problem – Ihr Ärger – wirkt plötzlich mikroskopisch klein. Das *AHA* hilft, sich bei einem Ärgernis für kurze Zeit von jeglicher Wertung zu lösen. Und das wirkt befreiend. Manchmal auch lustig.

Eins nach dem anderen:

Der Sachliche

Richard Lazarus war ein amerikanischer Psychologe, der sich sehr intensiv mit dem Thema Stress beschäftigt hat. Er hat ein sehr hilfreiches Modell entwickelt, und seine Grundannahme kann bei der Stressbewältigung sehr hilfreich sein: Er erkannte, dass es nie der Reiz ist, der Stress auslöst, sondern immer die Bewertung des Reizes. Am einfachsten lässt sich das anhand eines Beispiels erklären.

Marlies steht im Stau

Marlies steht im Stau, und das ausgerechnet heute, wo schon so vieles schiefgelaufen ist. Sie ist fürchterlich nervös, sie versucht die Spur zu wechseln, weil es auf der anderen Spur ja doch immer schneller geht. Sie schaut ständig auf die Uhr, zwischendurch hupt sie, damit ihr Vordermann etwas schneller macht (fragt sich nur, wie er das tun soll …). Sie trommelt ungeduldig mit den Fingern auf das Lenkrad und wird von stressigen Gedanken gequält: »Ich werde sicher wieder zu spät kommen. Schrecklich, wie peinlich! Was soll ich nur meinem Chef sagen? Ach, wäre ich doch schon früher losgefahren!« Sie dreht das Radio auf, um den Verkehrsfunk zu hören.

Und da kommt auch schon die Meldung: »Stau auf der Autobahn nach einem Unfall. Voraussichtliche Dauer der Sperrung: noch 20 Minuten.«

»Na bravo!«, denkt sich Marlies, »das ist ja wieder typisch, dass mir das passiert. Wieso muss es da grade jetzt einen Unfall geben? Was soll ich nur tun? Es ist wirklich fürchterlich, wieso fahren diese Idioten auch immer zu schnell?«

Nora steht im Stau

Nicht nur Marlies steht im Stau. (Das hat der Stau so an sich.) Im Auto nebenan sitzt Nora. Sie werden es schon erraten haben: Auch Nora hat einen Termin. Im Radio hört sie die Meldung: »Stau auf der Autobahn nach einem Unfall. Voraussichtliche Dauer der Sperrung: noch 20 Minuten.«

»Okay, 20 Minuten. Kann man nichts machen. Da kann ich ja nur froh sein, dass mir nichts passiert ist. Besser im Stau stehen, als in den Unfall verwickelt sein. Na ja, dann mache ich eben das Beste aus der Situation. Ich werde gleich mal im Büro anrufen und Bescheid geben, dass es länger dauern wird, weil auf der Autobahn ein Stau ist. Höhere Gewalt kann man fast sagen. Und jetzt meine Lieblingsmusik: voll aufgedreht. Und laut mitsingen mit Pavarotti. Ups!, die Frau im Nachbarauto schaut aber sehr grimmig drein, die könnte auch ein bisschen Singen vertragen …«

Zwei Frauen in der gleichen Situation. Beide stehen im Stau, beide haben einen Termin, zu dem sie zu spät kommen werden.

Emotional sind sie jedoch sehr unterschiedlich drauf:

Marlies ist genervt, zappelt und steigert sich in ihren Stress hinein.

Nora bleibt gelassen: Sie kann es ja doch nicht ändern, also macht sie das Beste draus und singt sich glücklich.

Dieses Beispiel zeigt, was Lazarus gemeint hat: Es ist nicht der Reiz, der den Stress auslöst, sondern die Bewertung des Reizes. Es ist nicht der Stau, der den Stress auslöst, sondern die Bewertung des Staus. Marlies bewertet die Situation als stressig, deshalb ist sie gestresst. Nora bewertet den Stau als unvermeidliche Pause vor der Arbeit. Sie bleibt gelassen.

In Alltagssituationen kann es immer wieder sehr hilfreich sein, wenn man sich bewusst macht, dass es an der Bewertung liegt, an der Einstellung, ob eine Situation als ärgerlich erlebt wird oder nicht.

Das Zeitkatapult

Auch mit Hilfe einer zeitlichen Perspektive können Sie den herrschaftlichen Alleinauftritt des Ärgers untergraben und so seine emotionale Wucht mindern.

Das Zeitkatapult ermöglicht einen Perspektivenwechsel in der Dimension Zeit. Sie katapultieren sich dabei in Ihrer Phantasie einige Jährchen in die Zukunft. Aus dieser Perspektive betrachten Sie dann die Situation. Sie werden sehen: Das fühlt sich gleich ganz anders an.

Kathrin

Kathrin hat eine Ausbildung zur Kommunikationstrainerin gemacht. Mehr als ein Jahr hat es gedauert, alle Module des

Lehrganges zu absolvieren. Zum Abschluss des Lehrganges musste sie eine Prüfung ablegen. Sie war sehr nervös. Zu nervös. Und leider schaffte sie die Prüfung nicht. Verständlicherweise war sie enttäuscht und rief ganz verzweifelt ihre Freundin an.

Die zeigte sich sehr verständnisvoll, tröstete Kathrin und schlug ihr im Laufe des Gesprächs ein Experiment vor: Sie solle sich in ihrer Phantasie fünf Jahre in die Zukunft begeben und die Situation aus dieser Perspektive betrachten. Und es gelingt: Mit Hilfe des Zeitkatapults kann Kathrin besser mit der Situation umgehen. Sie versetzt sich fünf Jahre in die Zukunft. Und erinnert sich: »Vor fünf Jahren, als ich das erste Mal zur Abschlussprüfung angetreten bin, da habe ich echt die Nerven verloren. Natürlich bin ich bei der Prüfung durchgerasselt. Ich war verzweifelt. Aber ich habe mich dann recht schnell wieder erholt, mich noch mal gut vorbereitet, und zwei Monate später habe ich die Prüfung souverän bestanden. Dass ich erst zwei Monate später das Zeugnis in der Tasche hatte, ist aus heutiger Sicht vollkommen irrelevant. Da hätte ich mich damals wirklich nicht so aufregen müssen …!«

Situationen, die in der Gegenwart sehr ärgerlich erscheinen, sehen aus der Zukunftsperspektive meist nicht mehr so dramatisch aus. Der Vorteil des Zeitkatapults liegt darin, dass man durch die zeitliche Distanz emotional nicht mehr so involviert ist. Der Perspektivenwechsel ermöglicht eine innere Distanzierung, und Lösungen werden wieder sichtbar.

Der Astronom

Kennen Sie einen Astronomen? Vielleicht nicht persönlich, aber aus dem Fernsehen? Den können Sie auf Ihre innere Bühne einladen, um eine ärgerliche Situation zu entschärfen.

Mein persönlicher Astronom ist grauhaarig, ein eher schmächtiger Mann mit Brille und einem weißen Arbeitsmantel. (Damit die Sterne nicht schmutzig werden?) Er kennt sich total aus im Universum. Er erzählt mir von Galaxien, Sternen und Planeten:

»Haben Sie gewusst, dass unsere Milchstraße zu den größeren Galaxien gehört, etwa 300 Milliarden Sterne und einen Durchmesser von etwa 100 000 Lichtjahren hat?

Erstaunlich finde ich auch die Tatsache, dass man mit der heutigen Technik von der Erde aus theoretisch über fünfzig Milliarden Galaxien beobachten kann.

Um sich diese unglaublichen Dimensionen besser vorstellen zu können, ist ein Maßstabsmodell recht hilfreich. In einem Modell im Maßstab von 1 zu 1,4 Milliarden (!) hätte die Sonne einen Durchmesser von einem Meter. Die Erde hätte in diesem Modell einen Durchmesser von neun Millimetern, das entspricht ungefähr der Größe einer Kirsche. Diese Kirsche umkreist die Sonne im Abstand von 107 Metern. Pluto wäre nur stecknadelkopfgroß und hätte zur Sonne einen Abstand von über vier Kilometern. Ein Fußgänger wäre in diesem Modell mit sechsfacher Lichtgeschwindigkeit unterwegs – also SEHR schnell.

Und was wirklich schwer vorstellbar ist: In diesem Modell hätte die Milchstraße immer noch einen Durchmesser von 750 000 000 Kilometern.«

Mit meinem Astronomen bin ich in derart unfassbaren Dimensionen unterwegs, dass mein Ärger plötzlich ein superkleines Miniproblem wird. Klein wie ein Atom, oder wie ein Quark (nicht zu verwechseln mit Topfen!).

Danke, mein lieber Astronom, die Welt sieht wieder anders aus.

Das AHA

Das AHA ist eine sehr wirksame Figur – und manchmal auch eine lustige. Das Aha kann ärgerliche Situationen in Sekunden entschärfen. Darf ich Sie zu einem kleinen Experiment einladen? Stellen Sie sich vor, Sie haben Besuch und kochen Kaffee. Beim Servieren fällt Ihnen eine Kaffeetasse runter und zerbricht in tausend Scherben. Was wäre Ihre normale Reaktion?

_____

_____

_____

_____

Und nun stellen Sie sich vor, die Tasse fällt runter, und im gleichen Moment sagen Sie: »Aha!«

Welche Auswirkung hätte das für Sie? Es gibt mehrere Möglichkeiten:

✳ Sie verschaffen sich ein bisschen Zeit und drängen den Ärger noch kurzzeitig zurück, so können Sie Ihren Verhaltensspielraum kurz wahrnehmen und sich überlegen, ob der Ärger sich überhaupt lohnt …

* Sie bleiben emotionslos. Die Tasse ist runtergefallen. Ist eben passiert. Wenn es weiter nichts ist …
* Das AHA kann Sie auch zum Lachen bringen. Weil es die Situation etwas ad absurdum führt. Ich habe schon von vielen Teilnehmern meiner Seminare das Feedback bekommen, dass das AHA sie zum Lachen gebracht hat und auch sehr oft das Gegenüber. Denn es kommt wirklich allzu oft vor, dass wir uns über Dinge ärgern, die es nicht wert sind, die vielleicht sogar albern sind. Das AHA kann uns das bewusst machen.

Also, wenn Ihnen das nächste Mal ein

* Verdammt!
* Sch…!
* So was Blödes!
* Na typisch!
* Mist!

auf der Zunge liegt, dann ersetzen Sie es durch ein AHA und lassen Sie sich davon überraschen, was daraus entsteht. Das AHA ist nicht wertend, es ist – feststellend. Es ist eine neutrale Aussage – die Basis für Gelassenheit. Mit einem gedachten AHA können Sie vielleicht ein AHA-Erlebnis einleiten.

Mit einem AHA fühlt sich eine Situation gleich leichter an, es liefert einen humorvollen Touch, und vor allem: Es öffnet eine neue Tür, es ermöglicht Veränderung und eine neue Sichtweise. Das tut ein »Verdammt!« keineswegs.

Okay, es ist durchaus legitim, mal kurz zu fluchen und dem Ärger Luft zu machen mit einem ausgesprochenen »Verdammt!« oder mit einem gedachten »Mist!«.

Aber, was dabei zu bedenken ist: Mit diesen Flüchen festigen Sie das Problem.

Probieren Sie es mal aus! AHA – und die Welt sieht gleich ein bisschen anders aus. Denn:

Achte auf deine Gedanken – sie formen deine Worte.
Achte auf deine Worte – sie formen deine Handlungen.
Achte auf deine Handlungen – sie werden zu Gewohnheiten.
Achte auf deine Gewohnheiten – sie werden zu deinem
    Charakter.
Achte auf deinen Charakter – er wird zu deinem Schicksal.
                                        (Aus dem Talmud)

Bei all diesen Ärger-Reduktions-Strategien sollten Sie eines nicht vergessen: Ärger ist manchmal auch wichtig. Er hat durchaus eine psychohygienische Funktion und sollte keineswegs immer nur von der Bühne gescheucht werden. Er ist ja oft ein Zeichen dafür, dass Handlungsbedarf besteht: Man muss sich nicht alles gefallen lassen, manchmal ist es auch gesund, einen Konflikt auszutragen und für Klärung zu sorgen. Wenn ein Ärger wirklich groß ist, lässt er sich soundso nicht so leicht vertreiben. Aber die kleinen Alltagsärgernisse sollten uns nicht unser Leben sauer machen. Und für die sind obige Strategien sehr hilfreich.

An dieser Stelle möchte ich gerne kurz thematisieren, dass es manchmal durchaus angebracht und notwendig ist, sich professionelle Hilfe zu holen. Sie müssen nicht immer alles alleine schaffen. Sie müssen nicht immer funktionieren und fit sein. Wenn man Zahnweh hat, ist es ganz selbstverständlich, zum Zahnarzt zu gehen. Wenn Sie sich das Bein gebrochen haben, werden Sie sich auch einen Gips geben lassen und sich – hoffentlich! – nicht denken: Ach, das schaffe ich schon alleine! Auch wenn die Seele verletzt ist, gibt es professionelle Hilfe. Leider hat sich in den Köpfen vieler Menschen die Überzeugung festgesetzt, dass man nur dann zum Psychologen, Psychotherapeuten oder Psychiater geht, wenn man verrückt ist. Nein! Man darf diese Hilfe auch in Anspruch nehmen, wenn man das Gefühl hat, dass man alleine nicht aus einem finsteren Loch herausfindet, oder wenn man bei einem wichtigen Thema feststeckt.

Ärger ade

Sie haben nun verschiedene Figuren kennengelernt, die helfen können, Ärger zu reduzieren oder erst gar nicht aufkommen zu lassen. Jetzt werden Sie mit unterschiedlichen Situationen konfrontiert, die einen ärgerlich stimmen können, und Sie können entscheiden, welche Figur Ihnen da behilflich sein kann. Schreiben Sie bitte auch immer den Satz dazu, den die Figur sagen könnte. Vielleicht fallen Ihnen ja auch noch andere Figuren ein, ein Yogi, ein Zen-Meister oder ein Kasperl.

Ein Beispiel: Sie tragen einen ganzen Stapel mit Papieren von A nach B. Und – Sie können es sich sicher schon ausmalen – alles fällt Ihnen runter, weil Sie stolpern.

Das wären mögliche Reaktionen der hier vorgestellten Figuren:
* Der Sachliche: »Na ja, wenn's weiter nichts ist, wenigstens hab ich mir nicht weh getan ...«
* Zeitkatapult: »Damals, vor drei Jahren ist mir der Papierstapel runtergefallen. Ärgerlich war's schon, aber in Wirklichkeit kein Drama. Die Welt hat sich weitergedreht.«
* Der Astronom: »So ein Blatt Papier kann man nicht mal im Modell darstellen, so unendlich winzig ist es im Vergleich zu den Weiten des Universums.«
* Aha: »Aha!« ☺

Nun sind Sie gefragt: Stellen Sie sich vor, an der Supermarktkasse drängt sich jemand ohne Kommentar vor. Wie kann Ihre Reaktion aussehen?
Figur:

_____

Satz:

_____

_____

_____

_____

Stellen Sie sich vor, beim Einparken streift Sie ein anderes Auto ganz leicht, und an Ihrem Auto ist ein kleiner Kratzer zu sehen. Der Fahrer des anderen Autos behauptet, dieser Kratzer sei schon alt.

Figur:

_____

Satz:

_____

_____

_____

_____

_____

Stellen Sie sich vor, Sie kochen eine gute Suppe und beim Würzen verwechseln Sie Zucker und Salz. Die Suppe ist verdorben.

Figur:

_____

Satz:

_____

_____

_____

_____

Stellen Sie sich vor, Sie sind auf einem Fest, und ein Gast schüttet versehentlich Rotwein auf Ihren neuen Pullover.
Figur:

_____

Satz:

_____

_____

_____

_____

_____

Bei der einen oder anderen Situation werden Sie sich denken: Aber hier MUSS ich mich ja ärgern. Ich gebe Ihnen recht, mitunter ist es auch wichtig, Ärger zuzulassen und herauszulassen, anstatt ihn immer nur zu schlucken. Aber manche Menschen ärgern sich viel zu oft, viel zu lang und über viel zu banale Angelegenheiten. Da sind die diversen Figuren dann sehr hilfreich, um die Situation zu relativieren und sich emotional distanzieren zu können. Viel Spaß beim Nichtärgern!

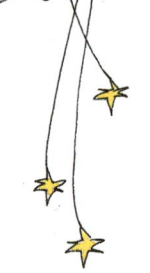

9. SCHLIESSTAG

Manchmal muss auch Pause sein. Damit man zur Ruhe kommen, Energie tanken, den Akku wieder aufladen kann.

Dafür empfehle ich, immer wieder mal alle Akteure des alltäglichen Getümmels in die Garderobe zu schicken. Und die leere Bühne wird genutzt, um für Ruhe zu sorgen. Schließtag oder – wenn nicht so viel Zeit ist – Schließminuten.

Ich empfehle Ihnen, dieses Kapitel erst einmal durchzulesen und einige Überlegungen anzustellen und erst im Anschluss daran wirklich die Übung auszuführen.

Der Ablauf dafür ist folgender:

1. Schritt:

Sorgen Sie dafür, dass Sie für einige Minuten ungestört sind. Schreiben Sie ein großes Schild »Bitte nicht stören!« und hängen Sie es an die Außentür. Das Handy wird selbstverständlich auch abgeschaltet. Für mindestens fünf Minuten sollte das gelingen. Wenn Sie nicht gerade eine Chirurgin sind, die Bereitschaftsdienst hat, wird es ja wohl möglich sein, sich für ein paar Minuten der Welt zu entziehen. Wenn Sie kleine Kinder haben, können die vielleicht, je nach Alter, für fünf Minuten alleine im Kinderzimmer spielen. Oder Sie warten, bis die Racker schlafen. So haben Sie erst einmal im Außen für Pause gesorgt.

Jetzt ist es wichtig, dass Ihnen die Pause auch in Ihrem Inneren gelingt, damit nicht tausend Gedanken und Pflichten Ihre Pause unmöglich machen.

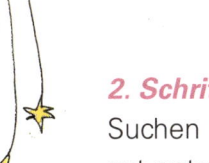

2. Schritt:

Suchen Sie sich ein Plätzchen, an dem Sie gut entspannen können. Egal, ob im Sitzen oder Liegen, es soll bequem sein. Schließen Sie die Augen und richten Sie Ihre Aufmerksamkeit nach Innen. Mit ein paar tiefen Atemzügen gelingt dies meist noch besser. Konzentrieren Sie sich auf Ihren Atemrhythmus, damit Sie zur Ruhe kommen und mit der Aufmerksamkeit nun ganz bei sich sind.

3. Schritt:

Und nun stellen Sie sich Ihre innere Bühne vor, darin sind Sie ja mittlerweile schon geübt. Schicken Sie alle Figuren kurz hinaus. Pause.

Dann stellen Sie sich auf Ihre innere Bühne und genießen einmal diese Ruhe. Dass da niemand ist und dass es ganz still ist. Herrlich!

Ich weiß, wahrscheinlich ist es nur kurz ganz still, weil dann wieder irgendjemand hereinstürmt und noch etwas vergessen hat. Und weil dann das Pflichtbewusstsein wieder unbezahlte Überstunden machen will. Und ein paar Gedanken sich hereinschummeln, weil sie es nicht lassen können. Nix da. Alle werden nach draußen geschickt! Es gibt keine Ausnahmen.

Und nun können Sie Ihre optimalen Entspannungsbedingungen auf Ihrer inneren Bühne selber gestalten. Dafür habe ich ein Potpourri von Ideen für Sie zusammengestellt. Lesen Sie erst einmal diese Vorschläge durch, dann werden Sie spüren, wo es Sie am meisten hinzieht.

Die Instant-Bühne – Entspannung für Eilige

In diesem Fall ist das Bühnenbild schon fertig, Sie brauchen sich – wenn es so weit ist – um gar nichts mehr zu kümmern. Sie bauen sich einmal Ihre Idealbühne und haben diese dann jederzeit zur Verfügung. Diese Bühne ist gut geeignet, wenn Sie zwischendurch nur kurz Zeit haben. Dann können Sie sich für ein paar Momente in diese Szene begeben, um Ihren Energietank wieder aufzufüllen.

So eine Bühne könnte zum Beispiel so aussehen:

Sie stehen auf einer Blumenwiese mit zwei Apfelbäumen. Zwischen diesen Bäumen ist eine Hängematte montiert, in die Sie sich sofort hineinlegen können. Die Blumenwiese ist von einem Wald und sanften Hügeln begrenzt.
Wenn Sie nun in dieser Hängematte liegen, so hören Sie Vogelgezwitscher und in der Ferne das Glucksen eines Baches. Ein angenehm warmer Wind streicht über Ihre Haut, und Sie können in der Hängematte leicht hin- und herschaukeln, so wie es Ihnen angenehm ist. Es ist sommerlich warm, und der Himmel ist blau mit einigen wenigen weißen Wolken. In der Hängematte schaukelnd, können Sie die Seele baumeln lassen. Ganz friedlich und entspannt.

Das ist ein Beispiel für eine bestimmte Stimmung, eine bestimmte Umgebung, die – einmal erschaffen – für Sie jederzeit abrufbar ist. Wenn Sie im Alltag auch nur für zwei Minuten dorthin »reisen«, können Sie die Welt um sich herum schon viel entspannter betrachten.

Sie können gleich die Kulisse mit der Hängematte und der Blumenwiese für sich verwenden, wenn sie Ihnen beim Entspannen hilft, oder aber Sie bauen sich jetzt Ihre eigene Instant-Entspannungsbühne, die Sie dann – einmal fertig erschaffen – jederzeit zur Verfügung haben.

Meine persönliche Instant-Entspannungsbühne

Nun können Sie Ihr eigenes Entspannungsbühnenbild entwerfen. Ist es ein Innenraum? Vielleicht eine helle große Halle? Eine Kirche? Ein Konzertsaal? Oder ist es ein kleines gemütliches Zimmerchen?

177

Vielleicht ist es auch im Freien. Eine schöne Wiese. Sie können auch Blumen auf die Wiese malen und Schmetterlinge fliegen lassen. Oder ist es eine Gebirgslandschaft, ein Panorama, wie man es vom Skifahren kennt? Blauer Himmel, weiße Bergspitzen. Es kann sein, dass Sie lieber am Meer sein wollen. Auf der Terrasse eines gemütlichen Strandcafés? Oder in einer kleinen Bar in einem malerischen Hafen?

Es kann ein Platz sein, wo Sie schon einmal waren und mit dem Sie eine schöne Erinnerung verbindet. Es soll ein Kraftplatz sein, also ein Ort, an dem Sie besonders gut auftanken können, wo Sie sich wohl fühlen und die Umgebung genießen können.

Sorgen Sie auf Ihrer inneren Bühne auch für einen Sessel, einen Liegestuhl oder eine Decke, sorgen Sie also dafür, dass es dort gemütlich und entspannt ist und Sie wirklich loslassen können.

Welchen Platz haben Sie ausgewählt?

_____

*Beschreiben Sie ein bisschen die Umgebung dieses Platzes.
Gibt es dort auch Geräusche? Was hören Sie? Wie riecht es
dort? Ist es warm oder kalt? Stellen Sie sich vor, Sie sollen
hier einem Kulissenmaler beschreiben, wie das Bild aussehen
soll:*

_____

_____

_____

_____

_____

_____

_____

_____

Die dynamische Urlaubsbühne –
Wohlfühlen mit ein bisschen mehr Zeit

Diese Bühne ist eine dynamische Erweiterung der Instantbühne.
Bei der vorigen Übung haben Sie ein Bühnenbild erschaffen,
das Sie jederzeit zur Verfügung haben, in das Sie rasch eintauchen können.

Es kann jedoch passieren, dass es Ihnen dabei schwerfällt,
störende Gedanken für längere Zeit fernzuhalten. Wenn Sie
sich also bildlich gesprochen in Ihre Hängematte legen und entspannen, kann es sein, das Ihre inneren Antreiber auf Ihre
Bühne kommen und sagen: »Los, los, jetzt geht es wieder
an die Arbeit.« Oder: »Tagsüber ausruhen! Was soll denn das?«
Oder: »Hast du die Steuererklärung denn schon fertiggemacht?«, und schon ist es vorbei mit der Entspannung.
Um dem entgegenzuwirken, können Sie die Bühne bei dieser
Variante während der Übung behutsam verändern. Das ist
eben dann sehr hilfreich, wenn sich Gedanken einschleichen.
Wenn sich also – was sehr häufig vorkommt – wieder irgendwelche Figuren auf Ihre innere Bühne stehlen und Ihre Pause
beenden wollen.

Da können Sie ein bisschen tricksen, indem Sie sich mit der Bühnengestaltung beschäftigt halten und den Figuren dadurch keine Aufmerksamkeit schenken.

Sie wählen also wieder eine angenehme Umgebung, eine Wiese, einen Strand, eine Parkbank, ein Zimmerchen … – Sie können auch das Bild der Instantbühne wieder verwenden (Bühnenrecycling ☺). In diesem Fall bleiben Sie jedoch bei der Gestaltung aktiv. Konkret könnte das so aussehen:

Sie liegen am Strand auf einer Liege mit Sonnenschirm. Es ist ein langer Sandstrand, nur wenige Menschen nehmen hier ein Sonnenbad. Das Meer ist ganz ruhig, und es weht ein angenehm leichter, warmer Wind. Draußen auf dem Meer entdecken Sie nun ein wunderschönes Segelschiff, das langsam dahingleitet. Ganz langsam bewegt es sich am Horizont. Und Sie beobachten die langsame Bewegung. Sie können auch die Wellen beobachten, wie sie ans Ufer schlagen. Dieses stetige Kommen und Gehen des Meeres. Die kleinen Schaumkronen, die sich fortwährend bilden. In der Ferne sehen Sie zwei Kinder im Sand spielen und Sie beobachten, wie langsam eine Sandburg entsteht. Wie die Kinder mit Begeisterung und Ausdauer weiterbauen. Es kommt bald noch ein Kind dazu, das beim Sandburgbauen mitmachen will. Nun bauen sie auch einen Wassergraben rund um die Burg … Wolken zu beobachten bietet sich auch an. Wie sich das Wolkenbild verändert, wie verschiedene Formen zu erkennen sind …

Haben Sie den Unterschied erkannt? Hier sind Sie dauernd beschäftigt. Hier gibt es immer etwas zu entdecken und zu beobachten, und darauf richtet sich Ihre gesamte Aufmerksamkeit.

Diese Bühne ist dynamisch, das heißt, sie kann sich während Ihrer Entspannungsphase immer wieder verändern. Oder der Blick fällt immer wieder auf neue Details des Bühnenbildes. Trotzdem bleiben Sie immer im Entspannungsbild und Entspannungszustand, und alles außerhalb der Bühne – also auch Gedanken – wird hinter die Kulisse verbannt.

Sie werden Spaß daran finden, immer wieder neue Details in Ihr Bühnenbild einzubauen. Ein Pflänzchen, ein kleines Tier, einen Geruch.

Auf Ihre Bühne können Sie natürlich auch noch Geräusche bestellen. Sie haben ein Repertoire sämtlicher erdenkbarer Geräusche zur Verfügung. Suchen Sie das aus, das am besten zu Ihrem Bühnenbild passt. Bei der Blumenwiese wird es wahrscheinlich Vogelgezwitscher sein oder Grillengezirpe. Manchmal meldet sich auch der Kuckuck zu Wort. Am Strand ist vielleicht das sanfte rhythmische Wellenschlagen am Ufer zu hören, oder Sie lauschen exotischen Vogelgeräuschen aus dem nahen Urwald? Kreieren Sie Ihre Wohlfühlbühne.

Es sollte nur nichts Spektakuläres sein, nichts Lautes, Grelles, Aufregendes. Achten Sie bitte darauf, dass das Bild und somit die Stimmung entspannt bleibt. Action ist jetzt nicht gefragt. Es soll also nicht plötzlich ein Hai auftauchen oder ein Gewitter aufziehen, auch ein Piratenschiff wäre unangebracht. In diesem Kapitel geht es um Entspannung!

Meine dynamische Urlaubsbühne

Überlegen Sie sich wie bei der vorigen Übung ein Plätzchen zum Wohlfühlen.

Welchen Ort haben Sie sich diesmal ausgesucht?

_____

Wie sieht es dort aus?

_____

_____

_____

_____

_____

Worauf sitzen oder liegen Sie?

_____

Wie riecht es dort?

_____

Und nun überlegen Sie sich ein paar Details, auf die Sie Ihre Aufmerksamkeit richten können. Details, mit denen Sie sich eine Weile »beschäftigen« können:

———————————————————————

———————————————————————

———————————————————————

———————————————————————

Je mehr Details Sie parat haben, umso leichter können Sie störende Gedanken draußen halten. Fallen Ihnen noch Details dazu ein?

———————————————————————

———————————————————————

———————————————————————

———————————————————————

Sie werden später sehen, mit diesen Vorüberlegungen wird es Ihnen viel leichter gelingen, ungestört im Entspannungsbild zu bleiben, so dass sich Gelassenheit und Entspannung ausbreiten können.

Phantasiebühne –
Traumwelt für Kreative

Bei der letzten Übung wurde Ihre Phantasie schon aufgeweckt, jetzt darf sie so richtig loslegen. Bei dieser Bühnengestaltung sind nämlich der Phantasie keine Grenzen gesetzt. Hier dürfen Sie utopisch und phantastisch werden. Hier können Sie fliegen wie ein Vogel oder schwimmen wie ein Fisch, Sie können auch ein Lichtstrahl werden. Sie können sich in eine Seifenblase begeben oder auf einer Wolke schweben.

Hier ein Beispiel, wie das funktionieren kann:

Mein Wolkenbett

Sie stellen sich vor, dass Sie auf einer Wiese liegen und den Himmel betrachten. Es ist Sommer, es ist warm, und der Himmel ist blau, nur eine einzige kleine, weiße Wolke ist zu sehen.

Das ist Ihre Wolke, sie gehört nun Ihnen. Diese Wolke fliegt zu Ihnen herunter, landet neben Ihnen, und Sie können sich darauf niederlassen. Sie versinken richtig darin, wie in einem großen Wattebausch. Ganz weich und warm und wohlig fühlt sie sich an, wie ein warmes, kuscheliges Nest.

Diese Wolke kann sich auch ein bisschen bewegen, Sie können sich alles von ihr wünschen, sie kann ein wenig über dem Boden schweben, oder Sie können sich leicht schaukeln lassen. Die Wolke umsorgt Sie und behütet Sie, schenkt Geborgenheit und Wärme. Ihre Haut wird von der weißen, weichen Wolke sanft berührt, das fühlt sich sehr angenehm an. Immer schon haben Sie sich gewünscht, einmal in einer Wolke zu ruhen. Ihre Wolke können Sie jederzeit rufen und für eine Erholungsphase nutzen.

Ganz langsam steigen Sie in Ihrer Vorstellung wieder aus der Wolke heraus, schicken sie wieder hinauf in den Himmel und kommen wieder in die Gegenwart.

Atmen Sie zweimal tief ein und aus, bewegen Sie langsam Ihre Hände und Füße und öffnen schließlich wieder die Augen.

Mit den Delphinen

In dieser Kulisse begeben Sie sich in Ihrer Vorstellung an einen weitläufigen Sandstrand am ruhigen Meer. Nur kleine Wellen schlagen ans Ufer, die Luft ist heiß, Sie stehen mit den Füßen im Wasser.

Wenn Sie nun aufs Meer hinaussehen, entdecken Sie eine Gruppe von Delphinen. Wie es für Delphine typisch ist, springen sie immer wieder hoch, es sieht aus, als würden sie Fangen spielen, auf jeden Fall sieht man, dass sie ihren Spaß haben.

In Ihrer Vorstellung können Sie schwimmen wie ein Fisch, Sie springen freudig ins Wasser und schwimmen auf die Delphine zu. Diese kommen Ihnen entgegengeschwommen und freuen sich über einen neuen Spielkameraden.

Gleich werden Sie in die Gruppe aufgenommen. Einer der Delphine mag Sie besonders und schwimmt immer wieder neben Ihnen her.

Bald begreifen Sie, dass er Ihnen seine Rückenflosse zum Festhalten anbietet.

Sie halten sich an ihm fest und lassen sich durchs Wasser ziehen.

Ein Hochgenuss ist das. Ein Spaß, immer wieder aus dem Wasser aufzutauchen und wieder ins Wasser hineinzugleiten. Das ist Lebensfreude pur. Sie genießen es, bei diesem fröhlichen Treiben mittendrin zu sein.

Nach einiger Zeit werden die Delphine nun doch etwas müde und langsamer, und Sie beschließen, sich wieder zu verabschieden.

Sie bedanken sich für den herrlichen Ausflug und sagen auf Wiedersehen.

Einer der Delphinfreunde bringt Sie wohlbehalten zu Ihrem Ausgangspunkt zurück. Ein Genuss war das! Das werden Sie bald wieder machen!

Doch nun kommen Sie mit der Aufmerksamkeit wieder
zurück in Ihr Leben. Sie nehmen ein paar tiefe Atemzüge,
dann bewegen Sie wieder Ihre Flossen – äh Füße – und
öffnen Ihre Augen. Willkommen zurück.

Das macht Spaß, stimmt's? Ihrer Phantasie sind eben keine Grenzen gesetzt. Sie können sich alles Mögliche ausmalen. Ich empfehle Ihnen jedoch: Machen Sie keinen Actionfilm daraus, vergessen Sie nicht, Sie wollten sich bei dieser Übung entspannen! Also keine Monster, keine Wettrennen und auch keine Hubschrauberflüge.

Meine Phantasiebühne

Hier sind Ihrer Phantasie keine Grenzen gesetzt. Schon bei der Wahl des Ortes können Sie sich austoben, Sie brauchen nicht auf der Erde zu bleiben, es kann der Himmel sein oder auch das All ...

Für welchen Ort wollen Sie sich entscheiden?

Und was soll nun dort geschehen?
Sie können sich auch in einen Lichtstrahl verwandeln oder in einen Baum, in einen Engel oder in eine Möwe. Alles ist möglich. Am Ende dieses Kapitels gibt es Platz zum Aufmalen und Beschreiben Ihrer ganz persönlichen Fantasiebühne.

Die Gefühlsbühne – Emotionen aktiv einladen

Für diese Bühne bleiben Sie, wo Sie sind. Wenn Sie also gerade zu Hause im Wohnzimmer sind, dann ist Ihr Wohnzimmer auch die Kulisse für Ihre innere Bühne. Wenn Sie gerade in Ihrem Büro sitzen, so ist es das Büro. Sobald Sie die Augen für die Übung geschlossen haben, können Sie eine Stimmung, ein Gefühl, einen Zustand auf Ihre Bühne bitten. Das kann Ruhe sein, Freude, Harmonie oder Gelassenheit – was Sie eben gerade am nötigsten brauchen.

Sie können diese Stimmung einladen, so dass Sie den Raum damit »füllen«. Wenn Ihnen das zu abstrakt ist, so können Sie eine konkrete Figur auf Ihre Bühne bitten, die diese Stimmung für Sie verkörpert. Das kann eine Person aus der Filmwelt sein, ein Romanheld oder auch Ihr Nachbar. Es kann auch ein Tier aus Ihrem inneren Zoo sein (vergleiche Kapitel *Tierisches Spektakel*).

Sie können die gewünschte Stimmung auch hervorrufen, indem Sie das Gewünschte innerlich wie ein Mantra wiederholen: Ruhe … Ruhe … Ruhe … Ruhe … Ruhe …

Anne

Anne ist Mutter von zwei kleinen Kindern und Geschäftsführerin einer Werbeagentur. Sie liebt ihre Aufgaben, ist aber oft im Stress. Sie nutzt im Alltag am liebsten die Gefühlsbühne. Wenn es bei der Arbeit sehr turbulent wird oder zu Hause alles gleichzeitig erledigt werden soll, dann setzt sie sich für drei Minuten in ihren Sessel, schließt ihre Augen und lädt die Gelassenheit auf ihre Bühne ein. Die Gelassenheit wird für sie durch einen alten, weisen Mann repräsentiert, der in Ruhe eine Pfeife raucht, der es nicht eilig hat, der geruhsam einfach nur dasitzt und gelassen bleibt, egal, was um ihn herum passiert. Sie hat ihn Dimitri genannt, weil er aussieht wie ein alter Grieche auf einer Postkarte. Durch ihn wird ihr wieder bewusst, wie unnötig die alltägliche Hetzerei ist. Nach wenigen Minuten kann sie ihre Aufgaben wieder wesentlich entspannter angehen.

Max

Auch Max ist als Manager beruflich sehr gefordert. Multitasking ist bei ihm an der Tagesordnung. Er hat sich jedoch angewöhnt, regelmäßig Mikropausen einzulegen und für kurze Zeit abzuschalten. Er holt sich Ruhe und Gelassenheit akustisch auf seine Bühne. Mit geschlossenen Augen sagt er sich vor: »Ich bin ruhig und gelassen … Ich bin ruhig und gelassen …«, während er ruhig und tief ein- und ausatmet. Das ist die beste Entspannungsmöglichkeit für ihn, und er kann danach ruhiger und entspannter weiterarbeiten.

Meine Gefühlsbühne

Hier brauchen Sie sich nicht um die Gestaltung der Kulisse zu bemühen – Sie nehmen die vorhandene –, Sie begeben sich vielmehr auf die Suche nach der Stimmung, die Sie nun aktiv auf Ihre innere Bühne einladen wollen.
Am ehesten brauche ich:

_____

_____

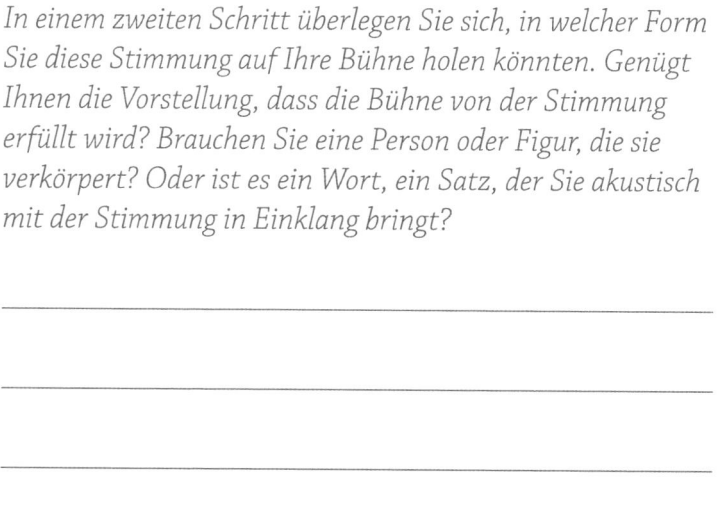

In einem zweiten Schritt überlegen Sie sich, in welcher Form Sie diese Stimmung auf Ihre Bühne holen könnten. Genügt Ihnen die Vorstellung, dass die Bühne von der Stimmung erfüllt wird? Brauchen Sie eine Person oder Figur, die sie verkörpert? Oder ist es ein Wort, ein Satz, der Sie akustisch mit der Stimmung in Einklang bringt?

_____

_____

_____

_____

Die stille Bühne –
Entspannung pur für Fortgeschrittene

Nun wird es spartanisch. Weniger ist mehr. Auf dieser Bühne gibt es keine Bilder, keine Kulisse, hier gibt es nur einen einzelnen Schweinwerfer.

Wenn Sie im Entspannen schon fortgeschritten sind, können Sie auch damit experimentieren, auf eine Kulisse zu verzichten und sich nur auf eine Farbe zu konzentrieren. Das heißt, Ihre Bühne wird in eine Farbe getaucht. Fühlen Sie in sich hinein, welche Farbe zu Ihrer momentanen Verfassung passt. Ist es Rot, ist es Blau, soll die Bühne ganz hell sein oder eher dunkel?

Die Farbe kann sich während dieser Entspannungsphase auch ändern. Ist es zu Beginn vielleicht ein langweiliges Graugrün, so können Sie die Farbe Schritt für Schritt in ein kräftiges Orangerot verwandeln.

Oder Sie starten mit einem Rot, das Sie als aggressiv und stressig erleben, und lassen die Tönung langsam verblassen, bis daraus ein zartes Rosa wird, das Ihrer Seele guttut.

Hier haben Sie auch noch verschiedene Lichtintensitäten zur Auswahl. Vielleicht ist Ihnen beispielsweise Kerzenlicht am liebsten. Sie können Ihre Bühne so gestalten, wie es in diesem Moment zu Ihrer Stimmung passt.

Und es ist ganz einfach mal still.

Nichts ist zu hören.

Schweigen. Ruhe. Stille.

Jetzt kann es losgehen!

Sie haben nun eine Vielfalt von Möglichkeiten kennengelernt:

* ✳ Ihre *Instantbühne,* die Sie einmal entwerfen und in die Sie jederzeit eintauchen können
* ✳ Ihre *dynamische Urlaubsbühne,* die Sie, während Sie sich entspannen, weiter gestalten
* ✳ Ihre *Phantasiebühne,* auf der einfach alles möglich ist
* ✳ Ihre *Gefühlsbühne,* auf der Sie in die Stimmung oder Gemütsverfassung eintauchen, die Sie gerade am nötigsten brauchen, und
* ✳ Ihre *stille Bühne,* auf der Sie sich auf eine Farbe konzentrieren und in vollkommener Stille entspannen.

Wählen Sie nun aus, welche Variante heute für Sie die passendste ist, und dann verfahren Sie wie zu Beginn des Kapitels beschrieben:

1. Sorgen Sie für ungestörte Ruhe.
2. Nehmen Sie eine entspannte Position ein, schließen Sie die Augen und richten Sie Ihre Aufmerksamkeit nach innen.
3. Genießen Sie auf Ihrer inneren Bühne die gewählte Variante.

Auf geht's!

Hier ist Platz für Ihre ganz persönliche Bühne.

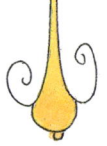

10. RAUCHFREIE ZONE – UND ZWAR FÜR IMMER

Eine ganze Weile spielte ich mit dem Gedanken, mit dem Rauchen aufzuhören. Dann setzte mir auch noch mein Sohn zu, weil in der Schule eine Nichtraucherkampagne lief und die Schüler mit den schrecklichen Gesundheitsfolgen des Rauchens konfrontiert wurden. Mein schlechtes Gewissen wurde immer stärker. Es weiß ja soundso jeder, dass Rauchen ungesund ist, aber wenn man vom eigenen Sohn täglich eine Moralpredigt bekommt und einem vorgehalten wird, dass man sicher bald sterben wird, gibt einem das noch mehr zu denken.

Also gut. Ich beschloss, innerhalb des nächsten Monats mit dem Rauchen aufzuhören. Versprochen. Gesagt, getan. Ich habe es tatsächlich geschafft und bin nun schon über acht Jahre Nichtraucherin. Wie mir das damals gelungen ist? Natürlich mit Hilfe des inneren Teams. Wie das funktioniert hat, möchte ich Ihnen hier gerne beschreiben.

Natürlich braucht man für dieses Vorhaben den starken, eindeutigen, ernsthaften Wunsch, wirklich mit dem Rauchen aufzuhören. Das ist unabdingbare Voraussetzung für ein Gelingen. Sonst brauchen Sie es gar nicht zu versuchen. Als Ausgangsbasis muss auf Ihrer inneren Bühne *die Motivation* stehen. Und es ist auch hilfreich, *die Zuversicht* und *das Durchhaltevermögen* einzuladen.

Das war meine Ausgangslage. Dann habe ich mir ein Blatt Papier genommen und aufgeschrieben, welche rauchenden und welche nichtrauchenden Anteile ich in mir habe. Ich habe also mit der Vorstellung gearbeitet, dass es in mir zu diesem Thema zwei Parteien auf meiner inneren Bühne gibt:

Die Raucher, mit denen ich die Farbe Rot verbinde.
Die Nichtraucher, die für mich grün sind.

Ziel war es, nur grüne Anteile auf der inneren Bühne zu lassen. Zumindest müssen die Nichtraucher eindeutig stärker werden als die Raucher.

Also habe ich mich an die Arbeit gemacht und aufgeschrieben, was von meinen roten und grünen Anteilen so zu hören ist. Jede Stimme hat einen Namen bekommen und einen Satz und wurde so zu einer richtigen Figur.

Die RAUCHER	Die NICHTRAUCHER
Die Genießerin: Ich genieße jede Zigarette.	**Die Gesundheit:** Rauchen ist ungesund!
Die Pausenmacherin: Wenn ich einen Arbeitsschritt erledigt habe, gönne ich mir eine wohlverdiente Zigarettenpause.	**Der Geldbeutel:** Rauchen ist viel zu teuer.
Die Gesellige: In der Raucherecke ist es ja doch immer am lustigsten.	**Das Vorbild:** Als Mutter muss ich mit gutem Beispiel vorangehen.
Die Belohnerin: Wenn mir etwas gut gelungen ist, gönne ich mir eine Zigarette.	**Die Wohlriechende:** Ich will gut riechen und nicht wie ein Aschenbecher.
Die Gestresste: Wenn ich gestresst bin, hilft mir eine Zigarette, wieder ruhiger zu werden.	**Die Freie:** Ich will unabhängig sein und nicht abhängig und süchtig.
Die Nervöse: Ich habe gerne etwas zu tun – und wenn es Rauchen ist (z. B. beim Fernsehen).	**Die Alternde:** Rauchen macht Falten um den Mund, gelbe Zähne, gelbe Nägel. Es lässt mich älter aussehen.

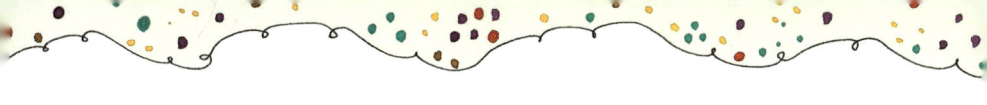

Es galt nun, sich zu überlegen, wie ich möglichst alle Raucher zu Nichtrauchern machen konnte. Also habe ich mir die Raucher einzeln vorgeknöpft, um sie auf die Seite der Nichtraucher zu bringen.

Die Genießerin: Ich genieße jede Zigarette.

Für sie brauchte ich einen Ersatz. Einen Ersatzgenuss. Rauchen hat sehr viel mit Ritualen und Gewohnheiten zu tun, das kann man nicht so einfach über Bord werfen.

Ich hatte die Idee, das Teekochen als ein Ersatzritual zu wählen. So habe ich mir im Teegeschäft drei leckere Teesorten ausgewählt, und auch einer schönen neuen Teetasse konnte ich nicht widerstehen. Das Teekochen wurde zu einer neuen Gewohnheit.

Mit diesem Ritual habe ich auch gleich *die Pausenmacherin* und *die Belohnerin* für die grüne Seite gewonnen. Wenn eine Pause fällig war, wenn ich mich für etwas belohnen wollte, so kochte ich mir genüsslich einen Tee.

Na ja, man kann auf Dauer nicht so viel Tee trinken, wie man Zigaretten raucht (wenn man viel raucht), also habe ich noch andere neue Gewohnheiten etabliert, z. B. Karottenstreifen schneiden und natürlich auch essen.

Dieses Karottenschnipseln und Teekochen war wichtig, weil es eine Ersatzhandlung bot.

Drei Raucher hatte ich damit schon zu Nichtrauchern gemacht:

Die RAUCHER	Die NICHTRAUCHER
Die Genießerin: *Ich genieße jede Zigarette.*	**Die Genießerin:** *Ich genieße jede Tasse Tee.*
Die Pausenmacherin: *Wenn ich einen Arbeitsschritt erledigt habe, gönne ich mir eine wohlverdiente Zigarettenpause.*	**Die Pausenmacherin:** *Wenn ich einen Arbeitsschritt erledigt habe, mache ich eine wohlverdiente Teepause.*
Die Belohnerin: *Wenn mir etwas gut gelungen ist, gönne ich mir eine Zigarette.*	**Die Belohnerin:** *Wenn mir etwas gut gelungen ist, so gönne ich mir einen Tee.*

Blieben also noch **die Gesellige, die Gestresste** und **die Nervöse.**

Für **die Nervöse** brauchte ich einen Ersatz für den Moment am Abend vor dem Fernseher, wenn es immer so gemütlich war, sich eine Zigarette anzustecken.

Auch dafür hatte ich eine gute Idee: Ich habe wieder mit dem Stricken angefangen – dabei sind die Hände beschäftigt, und die Idee des Rauchens kommt gar nicht so leicht auf.

Waren Sie in letzter Zeit mal in einem Wollgeschäft? Da bekommt man wirklich Lust aufs Stricken – zumindest ging es mir so.

Die Nervöse: *Ich habe gerne etwas zu tun – und wenn es Rauchen ist (z.B. beim Fernsehen).*

Die Nervöse: *Ich habe gerne etwas zu tun – Stricken!*

Die Gestresste brauchte auch noch eine Alternative. Ich besann mich auf das autogene Training. Es gibt Atemübungen, die einen sehr rasch und effektiv und vor allem – im Unterschied zur Zigarette – sehr gesund in einen entspannten Zustand bringen können (mehr dazu im Kapitel *Schließtag*). Natürlich ist das Gefühl, dass Zigaretten Entspannung bringen, ohnehin reine Illusion.

Die Gestresste: *Wenn ich gestresst bin, hilft mir eine Zigarette, wieder ruhiger zu werden.*

Die Gestresste: *Wenn ich gestresst bin, mache ich ganz genüsslich meine Atem-übungen.*

Blieb also nur noch **die Gesellige** auf der Raucher-Seite übrig. Auch für sie habe ich mir eine Lösung überlegt. Es gelang mir damals, meinen Mann, meine Freundin Andrea und deren Mann zu überreden, gemeinsam mit mir mit dem Rauchen auf-zuhören. Das war wirklich sehr, sehr hilfreich. Wir haben einen Termin vereinbart, an dem mit dem Rauchen Schluss sein soll-te. Mit Andrea habe ich damals sehr oft telefoniert, wenn es schwierig wurde. Wir haben uns einander vorgejammert und bedauert, uns aber auch gegenseitig motiviert. Das war eine sehr große Unterstützung für mich.

In den ersten Wochen haben wir vier uns sehr oft getroffen, es ist viel leichter, nicht zu rauchen, wenn es keiner am Tisch tut. Das war Gruppenzwang im positiven Sinne: »Gemeinsam schaffen wir das. Wenn die anderen das schaffen, schaffe ich es auch.« Und so wurde aus unserem Vorhaben ein Gemeinschaftsprojekt.

Die *Gesellige* war entwaffnet.

Die Gesellige: In der Raucherecke ist es ja doch immer am lustigsten.

Die Gesellige: Gemeinsam schaffen wir das!

So ist es mir gelungen, dass alle **RAUCHER auf meiner inneren Bühne** zu **NICHTRAUCHERN** wurden.

Eine ganz wichtige Figur habe ich jedoch vergessen, auf meiner inneren Bühne: *die Nichtraucherin*. Besser gesagt: *die begeisterte Nichtraucherin*. Sie ist sozusagen die Chefin der **Nichtraucher** und eine wichtige Stütze der **Motivation** und des **Durchhaltevermögens.**

Die begeisterte Nichtraucherin: »Ich bin Nichtraucherin, es ist ein herrliches Gefühl, frei zu atmen, gut zu schlafen, gut zu riechen und unabhängig zu sein. Ich liebe es, Nichtraucherin zu sein.«

WOW! Das hört sich doch super an, oder?
Eine wirklich starke Mannschaft, die **Nichtraucher.**

Da kann ja dem Rauchen-Aufhören nichts mehr im Wege stehen. Dachte ich! Da wusste ich noch nichts von dem kleinen Teufelchen, dem **Rauchteufelchen,** das sich bei unterschiedlichsten Gelegenheiten ungefragt auf meine Bühne schummelte und versuchte, meine *NICHTRAUCHER* zu verführen: »Nur eine einzige Zigarette!« Flehend, diabolisch und verführerisch, der kleine Racker. Im Restaurant, nach einem guten Essen, bei einem Gläschen Wein oder auch im Café versuchte das Rauchteufelchen immer wieder, mich zu verführen. Da musste ich dringend noch Abhilfe schaffen.

So habe ich – weil ich ganz bildlich mit der inneren Bühne arbeite – *zwei Security-Männer* aufgestellt: einen links, einen rechts von meiner Bühne. So konnte der kleine Rauchteufel nicht mehr auf die Bühne. Und wenn es ihm doch gelang, sich einzuschleichen, rief ich (innerlich) rasch um Hilfe, so dass die Security sofort zur Stelle war und es von der Bühne entfernte. Diese Vorstellung von einem lästigen, aber leicht zu vertreibenden kleinen Teufelchen hat mir sehr geholfen, der Versuchung zu widerstehen. Mit diesem Bild konnte ich meine Rauchlustattacken belächeln und somit entwaffnen.

Ich habe auch eine Figur, die von vornherein ein Nichtraucher war, gestärkt, um dieser Partei noch mehr Kraft zu geben. So habe ich *der Wohlriechenden* und *der Motivation* versprochen, dass sie einmal pro Woche einen Blumenstrauß bekommen. Diese Tradition habe ich bis heute aufrechterhalten. Ein frischer Blumenstrauß erinnert mich auch heute noch – acht Jahre später – an mein gelungenes Vorhaben und belohnt und erfreut mich täglich.

Dieses Beispiel des Rauchen-Abgewöhnens zeigt, wie Sie ganz konkret mit der inneren Bühne arbeiten können, um eine schlechte Gewohnheit loszuwerden. In meinem Fall war es sehr hilfreich, sich wirklich aufzuschreiben, welche Stimmen in mir sind, was sie zu sagen haben und wie sie ersetzt werden können.

Dieser Prozess kann sich über viele Tage ziehen, immer wieder können neue Figuren auftauchen, während immer klarer wird, was hilfreich ist und was weniger.

Die innere Bühne ist nicht nur für das Loswerden unerwünschter Gewohnheiten hilfreich, es können auch neue Gewohnheiten etabliert werden. Ein Klassiker ist beispielsweise das Thema Sport. Auch hier können Sie mit zwei Parteien arbeiten, **den Sportlichen** und **den Faulen,** und Schritt für Schritt den Einfluss der Sportlichen vergrößern. Das macht richtig Spaß, hier Regie zu führen und Veränderungen umzusetzen.

Mein Vorhaben

Egal, ob Sie mit dem Rauchen aufhören, regelmäßig Sport treiben oder Ihre Essgewohnheiten verbessern wollen. Sie können Ihre Bühne in zwei Parteien teilen, »die Guten« und »die Bösen« oder »die alte Gewohnheit« und »die neue Gewohnheit«. Und nun können Sie nach Wegen suchen, möglichst viele der »alten Gewohnheit« auf die Seite der »neuen Gewohnheit« zu holen, wie es im obigen Beispiel beschrieben ist.

Alte Gewohnheit	*Neue Gewohnheit*

11. MEINE SOUFFLEUSE

Das Wichtigste kommt zum Schluss.
Das Wichtigste ist nämlich, wie Sie mit sich selbst umgehen.
Sind Sie nett zu sich?
Oder sind Sie streng und kritisch?

Auch wenn Ihnen das vielleicht nicht bewusst ist, Sie haben sicher schon einen Souffleur oder eine Souffleuse in sich. Damit meine ich eine Stimme, die im Alltag die unterschiedlichsten Situationen kommentiert.

Sehr oft sind diese Kommentare kritisch, fordernd und destruktiv: »Das hättest du besser machen können!«, »Das schaffst du nie!«, »Typisch, dass dir das nicht gelungen ist!« usw. Schwirren solche Sätze auch manchmal durch Ihren Kopf und knabbern an Ihrer Lebensfreude?
Horchen Sie genau hin, welche Sätze Sie innerlich hören, wenn Ihnen etwas misslingt oder wenn etwas einmal nicht so klappt, wie Sie sich das erhofft haben.

Die gute Nachricht: Diese Kommentare können Sie aktiv ändern. Wie immer geht das in zwei Schritten:
1. Schritt: bewusst machen
2. Schritt: ändern

Wenn Sie also wieder einen kritischen Satz Ihrer Souffleuse bemerken, können Sie aktiv werden und aus dem inneren Kritiker einen inneren Freund machen. Statt: »Typisch, das wirst du nie schaffen!«, könnte Ihre Souffleuse dann sagen: »Mach dir nichts draus, beim nächsten Mal klappt es sicher!«

Ihre innere Souffleuse sollte mit Ihnen so umgehen, wie es Ihre beste Freundin (hoffentlich!) tut: wohlwollend, tröstend, herzlich, konstruktiv und liebevoll. Vielleicht hilft Ihnen auch das Bild einer liebevollen Oma, die Ihr Enkelkind bedingungslos liebt, fördert und unterstützt. Einer Oma, die immer verzeiht, Mut zuspricht und an einen glaubt.

Ob diese Figur männlich oder weiblich ist, entscheiden Sie selbst. Wählen Sie, was Ihnen lieber, vertrauter und stärkender vorkommt.

Der Einfachheit halber nenne ich diese Figur Souffleuse, auch wenn Ihr Einsager möglicherweise ein Souffleur ist.

Diese Souffleuse steht Ihnen jederzeit zur Seite und begleitet Sie, wann immer Sie das wollen.

Meine persönliche Souffleuse sitzt allerdings nicht im Graben vor der Bühne, um mir einzusagen, wenn ich den Text vergessen habe, sondern sie steht neben mir und ist meine seelische Unterstützung. Sie ist wohlwollend, sorgt für mich und will nur mein Bestes. Sie tröstet mich, sie macht mir Mut, sie klopft mir auf die Schulter und sagt: »Das schaffen wir schon!«

Wir sind ganz einfach ein Superteam und halten zusammen. Gemeinsam sind wir stärker. Ihr Grundtenor: »Alles wird gut!«

Meine Souffleuse

Suchen Sie hier nach Sätzen, die Ihnen Mut machen, die Ihre Zuversicht steigern und Ihren Selbstwert erhöhen. Diese Sätze sollte Ihre innere Souffleuse dann auswendig lernen und allzeit bereit haben. Für Situationen, in denen Sie Zuspruch, Trost und Unterstützung brauchen. Diese Sätze können in der Ich-, in der Du- oder in der Wir-Form sein, wie z. B.:

* *Das schaffst du schon!*
* *Das schaffen wir schon!*
* *Das schaffe ich schon!*

Hören Sie in sich hinein, was für Sie am wohligsten und hilfreichsten klingt.

Meine Zuspruchsätze:

_____

_____

_____

_____

_____

Ihre Lieblings-Zuspruchsätze gehören zum Grundrepertoire Ihrer Souffleuse. Die muss sie immer parat haben! Dafür wurde sie engagiert.

Das Wort des Tages

Meine Souffleuse bekommt jeden Tag von mir ein *Wort des Tages.*
Das ist ein Wort, das mir guttut, das mir Energie gibt, das meine Lebensfreude erhöht – was ich eben gerade brauche. In der Früh, wenn ich aufwache und noch im Bett liege, überlege ich mir dieses Wort. Ich mache das schon seit einer ganzen Weile, und mit ein bisschen Übung ist das Wort oft in der Früh schon da. Es hat sich anscheinend in der Nacht angepirscht, und ich brauche gar nicht mehr nachzudenken.
Manchmal liege ich auch da und überlege, was ich mir für heute wünsche, was je nach Tagesplanung am günstigsten wäre. Dieses Wort flüstert mir meine Souffleuse dann im Laufe des Tages immer wieder zu. Und dieses Wort färbt meinen Tag.
Ja, und dieser wohltuenden, stärkenden Worte gibt es unzählig viele, wie z. B.:

Freude, Spaß, Zuversicht, Herzlichkeit, Leichtigkeit, Magie, Schönheit, Wahrheit, Blumenwiese, Glück, Innigkeit, Beschwingtheit, Hoffnung, Liebe, hüpfen, Demut, Friede, lachen, Dankbarkeit, Halleluja, Enthusiasmus, Begeisterung, fröhlich, Energie, Kraft, samtweich, Begegnung, freudig, Sonnenschein, Herzenswärme, Freudensprung, Güte, Harmonie, lustig, Toleranz, Begeisterung, Wärme, Bedingungslosigkeit, Glückseligkeit, Zufriedenheit, Jubel, Heiterkeit, Bescheidenheit …

Mein Wort des Tages

Hier können Sie sich auf die Suche begeben, welche Wörter Ihnen gut gefallen, guttun, von welchen Wörtern Sie gerne begleitet sein würden. Ihre Souffleuse wird Ihnen dann das jeweilige Wort des Tages im Laufe des Tages immer wieder zuflüstern und die Energie dieses Wortes in Ihren Tag bringen. Das ist ganz einfach und sehr wohltuend.
Wenn Sie hier schon eine Sammlung anlegen, haben Sie morgen in der Früh schon eine Idee parat.

Meine Wohlfühlworte, die mich in gute Stimmung bringen:

Mit einer guten Souffleuse kommen Sie wesentlich leichter und beschwingter durchs Leben. Auch wenn Sie sehr im Hintergrund arbeitet, hat Sie ganz wesentlichen Einfluss auf Ihre Inszenierung. Sie kann die Grundstimmung massiv beeinflussen. Achten Sie also darauf, dass Ihre Souffleuse eine liebevolle, optimistische und resolute Person ist. Sie sorgt für eine wertschätzende Grundstimmung.

12. DER VORHANG FÄLLT

Sie haben nun mit diesem Buch sehr, sehr viele innere Figuren kennengelernt. Entscheiden Sie, welche dieser Figuren Sie dauerhaft oder situativ auf Ihre innere Bühne holen wollen und werden. Und eines sei dabei noch gesagt: Haben Sie Geduld! Jede gelungene Neuinszenierung braucht ein gutes Casting und viele, viele Proben. Erst nach ausgiebigem Üben sind Sie bereit für die Premiere. Ich wünsche Ihnen dabei viel, viel Spaß und Erfolg!

Natürlich kommen nun alle Figuren noch einmal auf die Bühne und genießen den Applaus:

* Die *kleine Marie* aus der Anfangsszene,
* die *Stimmungsmacher:* der *Pessimist,* der *Optimist* und der *Neutrale,*
* die *Antreiber* und die neu engagierten *Erlauber,*
* die *Tiere* von Ihrem inneren Zoo,
* die *Lebensfreude,* mag es der *weise Mann* oder *Pippi Langstrumpf* sein.
* auch die *Zeitprofis* lassen sich gerne applaudieren: der *Mexikaner,* der *Zeitmillionär,* das *Jetzt,* die *Körperzeit,* der *Warteprofi, Balu* und der *Zeitwächter.*
* die starken Typen: *Frau Martha,* meine Sekretärin, und *Marion* mit der *neinsagenden Paula.*

* Auch der *Grant* kommt auf die Bühne – etwas widerwillig, begleitet von *Ärger* und *Langeweile,* sie werden bald von *Lächeln, Spaß* und *Lebensfreude* von der Bühne abgedrängt.

* In der nächsten Gruppe sehen wir weitere Profis – im Ärgervertreiben: den *Sachlichen,* das *Zeitkatapult,* den *Astronomen* und auch das *AHA.*

* Die *Bühnenbildnerin* kommt auf die Bühne, sie hat die unterschiedlichen Bühnenbilder gestaltet, die Sie am Schließtag genießen können.

* Ja, und natürlich die *Raucher-* und die *Nichtraucher-Partei.*

* Den Abschluss macht Ihre *Souffleuse.* Auch Sie genießt den Abschlussapplaus.

Ganz schön viele Figuren, die sich da auf Ihrer inneren Bühne tummeln!

Also, wenn Sie gar nicht mehr aufhören zu klatschen, wenn es Ihnen so gut gefallen hat, dann bekommen Sie noch eine kleine Zugabe.

13. ZUGABE

Zum Abschluss: Die Krönung

Können Sie sich an den Anfang dieses Buches erinnern?
Da hat ein kleines Mädchen eine Königin gespielt; jetzt sind Sie
gefordert. Sie sind ja nun schon Experte auf Ihrer inneren Bühne,
da wird es Ihnen gar nicht mehr schwerfallen, eine Königin zu
spielen. Für den Fall, dass Sie ein Mann sind, dürfen Sie natürlich
auch ein König sein. ☺

Schließen Sie die Augen und gönnen Sie sich einen kleinen
Ausflug ins Märchenland. Sie sind nun eine Königin. Nehmen
Sie eine majestätische Haltung ein, stolz und erhaben.

Stellen Sie sich vor, dass Sie eine Krone aufhaben, dass ein
Brokatumhang Ihre majestätische Erscheinung unterstreicht.
Sie stehen auch erhöht auf einem Podest, direkt hinter Ihnen
steht der prunkvolle Thron.

Nun stellen Sie sich vor, dass in Ihnen eine Sonne strahlt, so wie der Sonnenkönig, Ludwig XIV., der sich selbst für die Sonne hielt. Diese Sonne ist warm und hell. Ihre Strahlen können Licht in jede Ihrer Zellen bringen. Kosten Sie das aus, genießen Sie diese Helligkeit, dieses wärmende Strahlen durch Ihren gesamten Körper. Spüren Sie, wie die Sonnenstrahlen Ihr Herz erwärmen und Ihre Seele erhellen.

Und nun, zum Abschluss, können Sie noch ein kleines zartes Lächeln auf Ihre Lippen zaubern. Und Sie werden merken, wie sich auch das Lächeln in Ihrem Körper und in Ihrer Seele ausbreiten kann. Sonnenlicht und Lächeln in Ihrem ganzen Körper, in Ihren Gedanken, in Ihrem Fühlen.

Mit diesem feinen Lächeln auf Ihren und meinen Lippen möchte ich mich gerne von Ihnen verabschieden, verbeuge mich und überlasse die Bühne nun Ihnen – für viele schöne Inszenierungen in Ihrem Leben!

Dankeschön

An dieser Stelle möchte ich meiner Dankbarkeit die Bühne überlassen – übrigens auch eine sehr glücksförderliche Figur! Sie sollte öfter zu Wort kommen:

Ein gigantisch großes Dankeschön möchte ich an Frau *Brigitta Knoll* – die Illustratorin all meiner Bücher – richten. Durch ihre Bilder werden meine Texte richtig zum Leben erweckt. Es ist ihr wieder gelungen, das Buch noch lebendiger, humorvoller und lebensfroher zu machen. Immer wieder bin ich fasziniert von ihrer genialen Arbeit.

Bei meinen beiden Schreibberaterinnen *Daniela Pucher* und *Judith Wolfsberger* möchte ich mich für Anregungen und Verbesserungsvorschläge bedanken. Sie ermutigten mich, persönlicher zu werden, wenn ich zu sachlich war, und sie pfiffen mich auch zurück, wenn ich zu salopp wurde. *Sophie Boysen* hat mir als Lektorin sehr hilfreiche Vorschläge gemacht, auch dafür bin ich dankbar.

Auch diesmal konnte ich wieder Testleser gewinnen und möchte mich bei euch an dieser Stelle vielmals für das hilfreiche Feedback bedanken: Merci an *Rainer Bacher, Bernd Kronowetter, Heimo Pernt, Evelyn Schörkhuber, Sabine Samadi,* an meinen Mann *Georg Smolka* und meinen Neffen *Moritz Smolka.*

Anhang

1 Zum Begriff des »Psychodramas« gibt es ein Missverständnis, das einer Aufklärung bedarf: Ein Drama ist nicht das gleiche wie eine Tragödie. Sehr oft werden diese beiden Begriffe verwechselt. Wenn jemand eine sehr traurige Geschichte erzählt, so ist die Reaktion häufig: »Das ist ein Drama!« Gemeint ist: »Es ist eine Tragödie.«
»Drama« ist der Oberbegriff für Theaterstücke mit verteilten Sprechrollen. Ein Drama kann also lustig oder traurig sein, je nachdem, ob es eine Komödie oder eine Tragödie ist.

2 *Schwartz, R.C.:* Systemische Therapie mit der inneren Familie. München 1997.

3 *Assagioli, R.:* Psychosynthese, Reinbek 1993.

4 *Schultz von Thun, F.:* Miteinander reden 3, Reinbek 1998.

5 Gute Stimmung ist trainierbar, siehe auch: Mein Glücks-Trainings-Buch, München 2011.

6 Die Figur des Antreibers kann durchaus auch weiblich sein, Antreiberinnen können auch viel Druck ausüben. Der Einfachheit halber bleibe ich im Folgenden bei der männlichen Form.

7 Mein Glücks-Trainings-Buch, München 2011. S. 81: Bei der fiktiven Geburtstagsrede begeben Sie sich in die Rolle einer guten Freundin oder eines guten Freundes und schreiben eine fiktive Geburtstagsrede:
»... (Hier setzen Sie Ihren eigenen Namen ein) wird heute 80 Jahre alt. Zu diesem Anlass möchte ich die wichtigsten Stationen ihres/seines Lebens beschreiben und was in ihrem/seinem Leben wirklich Bedeutung hatte: ...«

Diese Rede zeigt Ihnen, was für Sie in Ihrem Leben wirklich wichtig ist. Das funktioniert wie ein Sieb, durch das alles Dringende abfließt und das Wichtige übrig lässt. Klar sichtbar. Es ist die Mühe wert! Hätte Hannes so eine Rede für sich geschrieben, wäre ihm klargeworden, dass das Gitarrespielen einen ganz hohen Stellenwert für seine Lebensqualität hat, und es wäre ihm gelungen, Zeit dafür zu schaffen.

8   *Levine, R.:* Eine Landkarte der Zeit, München 1999. S.180.
9   *Hohensee, T.:* Der Buddha hatte Zeit, München 2008. S. 63.

Übungsverzeichnis

Wichtiger Hinweis

Alle Übungen und Anregungen wurden von der Autorin sorgfältig ausgearbeitet und in der Praxis erprobt. Sie sind für körperlich und seelisch gesunde Menschen geeignet und bieten keinerlei Therapieersatz. Bei ernsthaften seelischen Problemen sollten Sie sich professionelle Hilfe suchen. Sie sind aufgefordert, in eigener Verantwortung zu entscheiden, ob und inwieweit Sie die Vorschläge umsetzen können und möchten. Lassen Sie sich im Zweifelsfall von einem Arzt oder Therapeuten beraten bzw. begleiten. Weder Autorin noch Verlag können für eventuelle Nachteile oder psychische Beeinträchtigungen, die aus den im Buch gegebenen praktischen Hinweisen resultieren, eine Haftung übernehmen.

223